BOXING & MMA
BASES DEL ENTRENAMIENTO FÍSICO

Dr. Pedro L. Díaz

BOXING&MMA
BASES DEL ENTRENAMIENTO FÍSICO

Autor: **Dr. Pedro L. Díaz**
Fotos y Diseño: **Dr. Rafael Bastos**
Levantamiento de Textos: **Dr. Pedro L. Díaz**
Corrección de Estilo: **Lic. Anabel Chi**
Diagramación: **Dr. Rafael Bastos**
Printed by CreateSpace

Primera Edición 2015
Los textos plasmados en esta obra son responsabilidad del autor, por tanto queda prohibida la reproducción parcial o total por cualquier medio magnético o impreso sin previo consentimiento por escrito del autor.

NOTA DEL AUTOR:

Las crecientes exigencias del calendario competitivo en el boxeo profesional y el aumento del nivel de los peleadores constituyen un reto para los entrenadores, pues necesitan que los deportistas logren preparaciones de excelencia que les permitan alcanzar varias formas deportivas durante el año. Esto es posible si el competidor tiene un adecuado nivel de preparación física como fundamento básico para enfrentar las exigencias del sistema de preparación del deportista.

En este libro abordamos aspectos relevantes del importante tema de la preparación física fundamentados a partir de resultados prácticos alcanzados en el proceso de entrenamiento de grandes campeones olímpicos y mundiales. Incluye conceptos, análisis y diseños de entrenamientos que forman parte de nuestra experiencia como entrenador y tiene como objetivo principal servir de material de consulta a los que ayudan a formar jóvenes talentos que en el futuro aspiran ser grandes campeones.

Queremos agradecer, a deportistas, entrenadores, autores de obras literarias revisadas y todos lo que han apoyado la elaboración de este libro.

A todos muchas gracias.

Dr. Pedro L. Díaz.
www.mundoboxing.com
info@mundoboxing.com

ÍNDICE

CAPÍTULO I. LA PREPARACIÓN FÍSICA GENERALIDADES. 7
La Preparación Física. 8
1.1. Preparación Física. La Fuerza. 11
    1.1.1. Métodos para el Desarrollo de la Fuerza. 18
    1.1.2. Entrenamiento de la Fuerza en el Boxeo y las AMM. 20
1.2. Preparación Física. La Rapidez. 28
    1.2.1. Métodos para el Desarrollo de la Rapidez. 40
    1.2.2. Entrenamiento de la Rapidez en el Boxeo y las AMM. 43
1.3. Preparación Física. La Resistencia. 45
    1.3.1. Métodos para el Desarrollo de la Resistencia. 58
    1.3.2. Entrenamiento de la Resistencia en el Boxeo y las AMM. 63
1.4. Preparación física. La Movilidad. 78
    1.4.1. Particularidades Generales de la Movilidad. 78
    1.4.2. Métodos para el Desarrollo de la Movilidad. 93
1.5. El Fitness. Particularidades. 96

CAPÍTULO II. EL CONTROL DEL ENTRENAMINETO. 103
El Control del Entrenamiento. 104
2.1. Principales Formas de Control. 104
2.2. Proceso de Elaboración y Validación de las Pruebas. 127
2.3. Las Pruebas: Criterio Científico de su Elaboración. 132
2.4. El Objeto de Control. 140

GALERÍA DE FOTOS. 151
BIBLIOGRAFÍA. 160

PRÓLOGO

Con el fin de poder demostrar sus habilidades al 100 % en las diferentes competiciones, el primer objetivo de cualquier deportista es superar el alto nivel de exigencia física y psíquica al que se ve sometido durante los agotadores entrenamientos de la fase de preparación. Dicha fase está destinada a conseguir la mejor preparación posible y debe ser a su vez la base del entrenamiento posterior.

En este libro, el Dr. Pedro Díaz transmite sus amplios conocimientos y vasta experiencia en el entrenamiento de deportistas de élite y nos proporciona un marco en el que se pueden comprobar las pautas teóricas del entrenamiento, partiendo de un enfoque práctico.

La importancia de esta obra radica en la posibilidad que ha tenido el autor de combinar la teoría con la práctica en el entrenamiento y formación de múltiples campeones.

El autor presenta el contenido de los diferentes capítulos con sumo rigor científico, sirviéndose de diferentes tablas, cuadros y fotografías, lo que unido a un lenguaje sencillo facilita su comprensión.

El alcance científico de este libro es evidente, pues recopila conceptos y elementos metodológicos novedosos que resultan muy valiosos para el entrenador. Asimismo contribuye al perfeccionamiento de los planes de entrenamiento para conseguir una preparación más completa y orientada a la competición, por lo que tiene un gran interés para el deporte en general.

Recomiendo su lectura y anticipo que será de gran utilidad y de uso práctico para cualquier persona que practique deporte en general y en específico boxeo.

Ing. Domingo B. Solano.
Vice Presidente Honorario de AIBA
Presidente de la Federación Dominicana de Boxeo.

CAPÍTULO I

LA PREPARACIÓN FÍSICA. GENERALIDADES

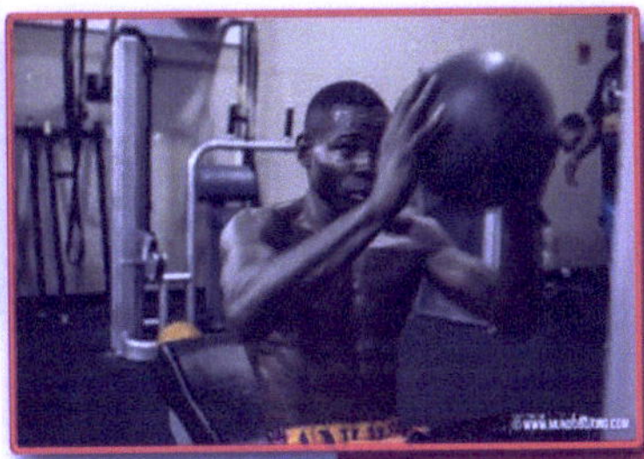

La Preparación Física.

La preparación integral de un competidor de alto rendimiento requiere de un nivel adecuado en todos los componentes que integran el sistema de preparación del deportista. Por ello, la perfección de este importante sistema y el logro de rendimientos altos y estables ajustados a la dinámica competitiva internacional y a las características individuales de los deportistas, precisa de nuevas alternativas metodológicas que permitan enfrentar y alcanzar niveles exitosos en todas las preparaciones.

Los grandes resultados que cada día se observan en el deporte mundial son una evidencia de la perfección del sistema de preparación del deportista, de los medios, métodos y procedimientos metodológicos que hacen que el competidor moderno supere las exigencias del entrenamiento para que sus rendimientos sean cada vez más sorprendentes. Se puede afirmar que con el respaldo científico y tecnológico la preparación competitiva será cada vez más perfecta y las posibilidades funcionales y físicas del competidor moderno crecerán. Por lo tanto, la correcta interpretación de los componentes de la preparación del deportista orientara de forma específica y detallada al entrenador durante el proceso de planificación para lograr una correcta distribución y dosificación de las cargas.

La "Preparación Física" ocupa una posición jerárquica dentro de todos los componentes de la preparación y es considerada por muchos como la base dentro de esta importante clasificación. Su estudio y perfección es un tema muy actual en el deporte internacional, por ello es una tendencia en el deporte contemporáneo contar con un preparador físico. No podemos concebir un alto rendimiento deportivo ni hablar de un competidor exitoso si no se tiene un buen nivel de preparación física.

La preparación física está condicionada por diferentes aspectos individuales de los competidores que son determinantes en su desarrollo. Por ejemplo: factores hereditarios, actividad y composición del sistema osteomioarticular (firmeza y movimiento), características somáticas (relación peso-talla), componentes bioquímicos de la sangre, respuesta funcional a la carga física, actividad del sistema nervioso central, edad y sexo, entre otros.

Muy a menudo se encuentra en la literatura especializada los términos "Condición Física", "Preparación Física", "Capacidades Físicas" o "Direcciones Físicas", pero todos estos términos se orientan en la misma dirección, es decir, se refieren al nivel del indicador físico de los competidores.

Generalmente las capacidades físicas se agrupan de la siguiente manera:
- *Capacidades condicionales:* fuerza, rapidez y resistencia
- *Capacidades coordinativas:* equilibrio, ritmo, adaptación, orientación, reacción y acoplamiento, entre otras.
- *Movilidad:* Reconocida por muchos como flexibilidad y elasticidad.

La preparación física, atendiendo a la interpretación de los diferentes autores puede ser definida de varias maneras, por ejemplo:

Ozolin (1970): "La preparación física está orientada al fortalecimiento de los órganos y sistemas, a la elevación de las posibilidades funcionales y al desarrollo de las cualidades motoras".

Ukran (1978): "Para la formación y fortalecimiento de las actividades motoras es necesario desarrollar la fuerza, la agilidad, la coordinación, aumentar la resistencia a los esfuerzos dinámicos y estáticos, así como la capacidad de trabajo de los sistemas cardiovasculares, respiratorio y otros. Evidentemente, todas las cualidades mencionadas pueden desarrollarse a lo largo del proceso"

Matveev (1983): "Preparación física suele denominarse a la educación de las cualidades físicas, las cuales se manifiestan en aptitudes motoras indispensables en el deporte. La educación de las aptitudes de fuerza y velocidad, de resistencia y flexibilidad, forman el contenido específico de la preparación física".

Ruiz Aguilera (2007): "La preparación física se usa en su doble acepción, como causa y como efecto. Como causa se entiende el proceso de repetir sistemáticamente los ejercicios físicos y como efecto, al nivel de desarrollo de las capacidades de rendimiento físico del individuo de acuerdo con una exigencia dada".

Teniendo en cuenta las definiciones y criterios de estos autores, entendemos que: *"La preparación física es el proceso que, mediante el ejercicio físico garantiza un adecuado desarrollo muscular, así como una respuesta óptima del componente funcional, favoreciendo un mejor rendimiento en la actividad deportiva".*

El desarrollo de la preparación física constituye el cimiento, la base de la preparación técnica.

1.1 Preparación Física. La Fuerza.

En el contexto actual del deporte mundial, la fuerza constituye una de las principales preparaciones dentro del entrenamiento de cualquier competidor, por los beneficios que aporta para la actividad competitiva. Muchos autores han realizado excelentes investigaciones sobre la preparación de la fuerza, alcanzando conceptos muy válidos, entre los que se destacan:

Ozolin (1970): "La fuerza muscular es una de las cualidades físicas más importantes, ella determina en grado considerable la rapidez de los movimientos y desempeña un gran papel en el trabajo cuando este exige resistencia y agilidad humana de superar o de actuar en contra de una resistencia exterior basándose en los procesos nerviosos y metabólicos de la musculatura. Los músculos pueden desarrollar fuerza sin modificar su longitud (comportamiento estático), acortándola (comportamiento dinámico de superación) y alargándola (comportamiento dinámico de ceder)".

Vorobiev (1974): "Es aquella tensión máxima que desarrollan los músculos y cuyo efecto es posible medir en gramos o kilogramos".

Kuznetsov (1981): "En la Mecánica moderna, se nombra fuerza a toda acción de un cuerpo material sobre otro, como resultado de lo cual ocurre un cambio en el estado de reposo o movimiento de ese cuerpo".

Zatsiorski (1989): "La capacidad para vencer resistencias externas o contrarrestarlas a costa de esfuerzos musculares".

Ehlenz, Grosser & Zimmermann (1990): "La fuerza queda englobada dentro de las llamadas capacidades de condición motriz. Actualmente se define desde las perspectivas físicas y biológicas. La fuerza, en el sentido de la física, es el producto de la masa por la aceleración; expresado en la fórmula y las magnitudes correspondientes: $F = M \times A$ (Kg. m/s 2). Mientras en el sentido biológico es la capacidad de superar o contrarrestar resistencia mediante la actividad muscular. *Becali (2011):* Las diversas concepciones, según sus modos o manifestación o los puntos de vista de los autores (…) Una concepción general es la parte de la Física, según la cual se trata de aquella influencia capaz de modificar el estado de reposo o movimiento de un cuerpo, y se representa con la fórmula que sintetiza la Segunda Ley de la Mecánica planteada por Newton: $F = m \times a$".

Manno (1991): "La fuerza muscular es la capacidad motora del hombre que le permite vencer una resistencia u oponerse a ésta mediante una acción tensora de la musculatura".

García Manso, Navarro Valdivieso & Ruiz Caballero (1996): "Desde la perspectiva de la actividad física y el deporte, la fuerza representa la capacidad de un sujeto para vencer o soportar una resistencia. Esta capacidad del ser humano viene dada como resultado de la contracción muscular".

Collazo Macías (2002): "Desde el punto de vista de la física, la fuerza es la influencia que al actuar sobre un objeto hace que este cambie su estado de movimiento, expresándose como la definiera Newton: F = M x A (Fuerza es igual a Masa por la Aceleración). Mediante la acción de la fuerza, podemos alterar, modificar o cambiar el sentido, la velocidad o la dirección de cualquier objeto".

Collazo Macías (2002): "La fuerza es una capacidad condicional que posee el hombre en su sistema neuromuscular y que se expresa a través de las diferentes modalidades manifiestas en el deporte para resistir, halar, presionar y empujar una carga externa o interna de forma satisfactoria".

Weineck (2005): "Una definición precisa de "fuerza", que abarque sus aspectos tanto físicos como psíquicos, presenta, al contrario que su determinación física (mecánica), dificultades considerables debido a la extraordinaria variedad existente en cuanto a los tipos de fuerza, de trabajo y de contracción muscular, y a los múltiples factores que influyen en este complejo. Por ello, la precisión del concepto "fuerza" sólo resulta posible en relación con las diferentes modalidades de manifestación de la fuerza".

Al analizar los conceptos expuestos anteriormente por los autores, se considera en esencia que la fuerza, desde el punto de vista físico, existe gracias a la presencia de más de dos cuerpos en el mundo interactivo y como una capacidad del ser humano, es una expresión del trabajo muscular que se manifiesta constantemente en las actividades físico-deportivas.

La fuerza, para su mejor estudio y comprensión, se debe interpretar a partir de su forma de manifestación, según el contenido del ejercicio que se realiza con un carácter general o especial, por ejemplo:

Fuerza general:

Son los ejercicios de fuerza que se orientan al desarrollo físico-muscular del organismo de manera general, independientemente de la modalidad deportiva que se practique. Su objetivo es la formación integral de su sistema muscular para el posterior trabajo de fuerza, acorde con las exigencias de un deporte determinado.

Fuerza especial:

Son aquellos ejercicios específicos para el desarrollo de los planos musculares, que tienen estrecha relación con los movimientos y exigencias del deporte practicado y constituyen la continuidad del trabajo de la fuerza, que ya se había logrado con los ejercicios de carácter general.

La clasificación del carácter general o especial de la fuerza, está relacionada con la etapa de preparación en que se encuentra el competidor y sus diferentes formas de manifestación y el contenido del ejercicio que se realiza.

Las formas en que se manifiesta la fuerza se han interpretado por los autores de diferentes maneras, por ejemplo:

Fuerza máxima.

Harre (1988): "Es la fuerza superior que el sistema neuromuscular puede aplicar en presencia de una contracción máxima arbitraria".

García Manso, Navarro Valdivieso & Ruiz Caballero (1996): "Es la mayor fuerza que es capaz de generar el sistema nervioso y muscular por medio de una contracción máxima voluntaria".

Román (1997): "La mayor fuerza que puede desarrollar una persona o también la fuerza más alta que un individuo puede ejercer con una contracción voluntaria de los músculos".

Generalizando, podemos entender por fuerza máxima, *"La capacidad del aparato neuromuscular de generar la mayor fuerza posible mediante una contracción natural".*

No podemos concebir el desarrollo de los diferentes tipos de fuerza sin el conocimiento previo de los valores máximos, que nos permitan realizar una dosificación correcta durante la preparación de esta capacidad.

La forma más generalizada para la determinación de la fuerza máxima de un deportista se logra a partir de la ejecución de, al menos una repetición con el peso máximo.

Fuerza rápida.

Harre (1988): "Es la capacidad del sistema neuromuscular para superar resistencias con alta velocidad de contracción".

García Manso, Navarro Valdivieso & Ruiz Caballero (1996): "Es la capacidad del sistema neuromuscular de vencer una resistencia a la mayor velocidad de contracción posible".

Román (1997): "Es la capacidad del individuo para vencer resistencias mediante una alta velocidad de contracción".

A partir de estos acertados criterios, consideramos que *"La fuerza rápida es la capacidad del sistema neuromuscular de vencer una resistencia con una alta velocidad de contracción".*

Según Bührle y Schmidtbleicher (1981), la fuerza rápida, para su desarrollo, depende de:
   a) El número de unidades motrices implicadas simultáneamente al principio del movimiento (coordinación intramuscular).
   b) La velocidad de contracción de las fibras musculares implicadas.
   c) La fuerza de contracción de las fibras musculares implicadas, es decir, del grosor del músculo (sección transversal).
   d) Los niveles de fuerza máxima que posea el individuo.

La manifestación de fuerza rápida, está presente en casi todos los deportes, por lo que es importante su desarrollo para asegurar rendimientos superiores en los competidores.

Resistencia a la fuerza.
Sobre esta capacidad, los autores que relacionamos interpretan lo siguiente:

Harre (1988): "Es la capacidad que tiene el organismo para resistir a la fatiga en los esfuerzos de fuerza de larga duración".

García Manso y col. (1996): "Es la capacidad de mantener una fuerza a un nivel constante durante el tiempo que dure una actividad deportiva".

Román (1997): "Es la capacidad del individuo para oponerse a la fatiga en rendimientos de fuerza de larga duración o repetidos".

Las acotaciones anteriores permiten considerar a la resistencia a la fuerza, *"como la capacidad que posee el organismo humano de soportar esfuerzos prolongados y resistir al estado de fatiga cuando realiza trabajos de fuerza".*

Para el exitoso desarrollo de la fuerza en los boxeadores, es muy importante la correcta selección de los medios y métodos a utilizar durante el entrenamiento con pesas. Quizás este sea uno de los temas más problemáticos en la preparación del boxeo y otros deportes de combate, por la diversidad de criterios en cómo entrenar la fuerza y la no existencia de una opinión unificada sobre su importancia para el logro de mejores resultados deportivos.

Es importante destacar que, para lograr los objetivos y alcanzar los resultados esperados, es primordial una correcta selección de los medios y métodos a utilizar, atendiendo la etapa de preparación y las características individuales de los competidores.

Medios fundamentales para desarrollar la fuerza.

Entre los principales medios para el desarrollo de la fuerza tenemos.
1) Ejercicios con la utilización de pesos libres.
2) Ejercicios con la utilización del peso corporal del competidor.
3) Ejercicios con la utilización de medios auxiliares (ligas, muelles, gomas).
4) Ejercicios utilizando el medio natural (agua, arena, pendientes).
5) Ejercicios de trabajo natural.
6) Ejercicios de rapidez máxima.

1.1.1. Métodos para el Desarrollo de la Fuerza.

El método dentro del proceso del entrenamiento ofrece al entrenador la forma didáctica para desarrollar el contenido de la preparación, según los objetivos definidos. Para el desarrollo de la fuerza se utilizan diferentes métodos con la utilización de pesos libres, entre los que se destacan:

a) Método de carga estable:

Se realizan las series planificadas por el entrenador: (2 - 3 series), con el mismo porcentaje (%) en la dosificación de las cargas y se mantienen invariables las repeticiones y las tandas.

Ejemplo:

CARGA ESTABLE			
DOSIFICACION	50%	50%	50%
REPETICIONES	10	10	10
SERIES	1	1	1

b) Método de carga en escalera:

Se realizan las series planificadas por el entrenador: (2 - 3 series), aumentando el porcentaje (%) en la dosificación de las cargas y disminuyendo las repeticiones.

Ejemplo:

CARGA EN ESCALERA			
DOSIFICACION	50%	60%	70%
REPETICIONES	10	8	5
SERIES	1	1	1

c) Método creciente - decreciente:

Se realizan las series planificadas por el entrenador: (2 - 3 series), disminuyendo las repeticiones y aumentado los porcentajes (%), se llega al % máximo y repeticiones mínimas y después comienza el proceso inverso, es decir, disminuyendo los % y aumentando las repeticiones.

Ejemplo:

CRECIENTE - DECRECIENTE					
DOSIFICACION	50%	60%	70%	60%	50%
REPETICIONES	10	8	7	8	10
SERIES	1	1	1	1	1

d) Método de pirámide:

Se realizan las series planificadas por el entrenador: (2 - 3 series), disminuyendo las repeticiones y aumentando los porcentajes (%).

Ejemplo:

PIRÁMIDE					
DOSIFICACION	50%	60%	70%	80%	90%
REPETICIONES	8	7	5	3	1
SERIES	1	1	1	1	1

1.1.2. Entrenamiento de Fuerza en el Boxeo y las Artes Marciales Mixtas (AMM).

Está demostrado que la preparación de fuerza ayuda a alcanzar mejores rendimientos en el boxeo y las AMM, pero por ser deportes de combates con intensidad variable durante el proceso de entrenamiento y competencia, se recomienda lo siguiente:

Recomendaciones para el entrenamiento de fuerza con pesos libres en el boxeo y las Artes Marciales Mixtas (AMM).

a) Planificar y dosificar los entrenamientos de fuerza atendiendo a la etapa de preparación y las características individuales de los competidores.

b) Realizar un test inicial de fuerza máxima con pesos libres en tres ejercicios fundamentales: Fuerza Acostado, Cuclillas y Fuerza Sentado. Los valores de fuerza máxima en el test inicial constituyen indicadores de referencia y permiten planificar los porcentajes (%) o pesos ideales a utilizar en entrenamientos futuros.

c) Utilizar el método del circuito para desarrollar la fuerza.
   - El circuito debe tener entre 8 y 12 estaciones.
   - Se debe terminar el circuito con ejercicios especiales y juegos.
   - Los circuitos se pueden realizar por tiempo o por repeticiones.
   - Alternar los planos musculares que trabajan en el transcurso de los circuitos

El entrenamiento en circuito:

Constituye un método de entrenamiento muy utilizado en los deportes de combate para el desarrollo de la fuerza, pero también puede ser utilizado en los entrenamientos técnicos, pues permite alternar el trabajo por estaciones con ejercicios de carácter físico, técnico o la combinación de ambos. En el circuito se plantean estaciones previamente estudiadas para el objetivo que se pretende lograr en el entrenamiento y se pueden realizar por tiempo o por repeticiones, según la etapa de preparación del competidor.

Es importante que el competidor realice todas las estaciones planificadas en el circuito. El tiempo de cambio entre una estación y otra puede ser con descanso activo o pasivo.

El método del circuito puede ser utilizado tanto para deportistas principiantes como de alto rendimiento, su nivel de exigencia depende de las características individuales de los competidores y su utilización mejora la capacidad aeróbica y desarrolla la resistencia al estado de fatiga.

A continuación, ponemos a consideración algunos ejemplos de circuitos para el desarrollo de la fuerza en el boxeo y las Artes Marciales Mixtas (AMM), con y sin la utilización de pesos libres.

Circuito para el desarrollo de fuerza en el boxeo y las Artes Marciales Mixtas (AMM) (sin la utilización de pesos libres).

CIRCUITO – 1		
ESTACIÓN	TAREA	DOSIFICACIÓN
1	Cuello	En la dosificación se debe considerar las características individuales de los competidores. Ejemplo: Realizar 3 Series de 20 segundos de trabajo con 10 segundos de descanso entre estación y 3 minutos de descanso entre series.
2	Planchas	
3	Abdomen	
4	Saltos al cajón	
5	Tracciones	
6	Reverencias	
7	Cuclillas	
8	Sombra	
Juego		
Movilidad (flexibilidad)		
El circuito termina con 20 minutos de juego (por ejemplo: Fútbol, Baloncesto, Etc.); en dependencia de la etapa de entrenamiento y las condiciones con las que cuenta el entrenador.		

Circuito para el desarrollo de fuerza en el boxeo y las Artes Marciales Mixtas (AMM) (sin la utilización de pesos libres).

CIRCUITO – 2		
ESTACIÓN	TAREA	DOSIFICACIÓN
1	Cuello	En la dosificación se debe considerar las características individuales de los competidores. Ejemplo: Realizar 3 Series de 20 segundos de trabajo con 10 segundos de descanso entre estación y 3 minutos de descanso entre series.
2	Tracciones	
3	Abdominales	
4	Cuclillas	
5	Cuello	
6	Escalar la soga	
7	Reverencia	
8	Saltos al cajón	
9	Escalar la soga	
10	Reverencia	
11	Saltos al cajón	
12	Sombra	
Juego		
Movilidad (flexibilidad)		
El circuito termina con 20 minutos de juego (por ejemplo: Fútbol, Baloncesto, Etc.); en dependencia de la etapa de entrenamiento y las condiciones con las que cuenta el entrenador.		

Circuito para el desarrollo de fuerza en el boxeo y las Artes Marciales Mixtas (AMM) (con la utilización de pesos libres).

CIRCUITO – 3		
ESTACIÓN	TAREA	DOSIFICACIÓN
1	Cuello	En la dosificación se debe considerar las características individuales de los competidores. Ejemplo: Realizar 3 Series de 10 segundos de trabajo con 10 segundos de descanso entre estación y 3 minutos de descanso entre series.
2	Fuerza acostada	
3	Abdomen con peso	
4	Cuclillas	
5	Cuello	
6	Fuerza sentado	
7	Reverencias	
8	Tijeras	
9	Rectos con mancuernas	
10	Ganchos con mancuernas	
	Juego	
	Movilidad (flexibilidad)	
El circuito termina con 15 minutos de juego (por ejemplo: Fútbol, Baloncesto, Etc.); en dependencia de la etapa de entrenamiento y las condiciones con las que cuenta el entrenador.		

Circuito para el desarrollo de fuerza en el boxeo y las Artes Marciales Mixtas (AMM)
(con la utilización de pesos libres).

\multicolumn{3}{c}{CIRCUITO – 4}		
ESTACIÓN	**TAREA**	**DOSIFICACIÓN**
1	Empuje de fuerza	En la dosificación se debe considerar las características individuales de los competidores. Ejemplo: Realizar 3 Series de 15 segundos de trabajo con 15 segundos de descanso entre estación y 3 minutos de descanso entre series.
2	Círculo con disco	
3	Saltos al cajón	
4	Fuerza inclinada	
5	Torsiones con la barra	
6	Semi cuclillas	
7	Golpeo con la clava	
8	Sombra con mancuernas	
\multicolumn{2}{c}{Juego}	
\multicolumn{2}{c}{Movilidad (flexibilidad)}	

El circuito termina con 20 minutos de juego (por ejemplo: Fútbol, Baloncesto, Etc.); en dependencia de la etapa de entrenamiento y las condiciones con las que cuenta el entrenador.

Circuito para el desarrollo de fuerza en el boxeo y las Artes Marciales Mixtas (AMM) (con la utilización de pesos libres).

\multicolumn{3}{c}{CIRCUITO – 5}		
ESTACIÓN	TAREA	DOSIFICACIÓN
1	Cuello	En la dosificación se debe considerar las características individuales de los competidores. Ejemplo: Realizar 3 Series de 15 segundos de trabajo con 10 segundos de descanso entre estación y 3 minutos de descanso entre series.
2	Fuerza Acostada	
3	Saltos al cajón	
4	Reverencia	
5	Cuello	
6	Fuerza Inclinada	
7	Saltos al cajón	
8	Sombra con mancuernas	
	Juego	
	Movilidad (flexibilidad)	

El circuito termina con 20 minutos de juego (por ejemplo: Fútbol, Baloncesto, Etc.); en dependencia de la etapa de entrenamiento y las condiciones con las que cuenta el entrenador.

Circuito para el desarrollo de fuerza en el boxeo y las Artes Marciales Mixtas (AMM)
(con la utilización de pesos libres).

CIRCUITO – 6		
ESTACIÓN	**TAREA**	**DOSIFICACIÓN**
1	Cuello	En la dosificación se debe considerar las características individuales de los competidores. Ejemplo: Realizar 3 Series de 20 segundos de trabajo con 10 segundos de descanso entre estación y 3 minutos de descanso entre series.
2	Círculo con disco	
3	Saltos al cajón	
4	Tracciones	
5	Torsiones con la barra	
6	Golpeo con la clava	
7	Escalar la soga	
8	Sombra con mancuernas	
	Juego	
	Movilidad (flexibilidad)	
El circuito termina con 20 minutos de juego (por ejemplo: Fútbol, Baloncesto, Etc.); en dependencia de la etapa de entrenamiento y las condiciones con las que cuenta el entrenador.		

La fuerza especial en el boxeo:

En el boxeo se favorece el desarrollo de la fuerza especial, mediante:
a) La ejecución de los golpes individuales (sin la utilización de medios auxiliares) y la combinación de estos con el empleo de mancuernas.
b) Ejecución de golpes con la utilización de medios auxiliares como ligas y muelles.
c) Golpeo con cambios de ritmo en el saco pesado.
d) Lanzar balones medicinales con la imitación de golpes.
e) Ejecución de golpes y la combinación de estos dentro del agua.
f) Ejecución de golpes con resistencia externa.

1.2 Preparación Física. La Rapidez.

Dentro de las direcciones físicas en el deporte, la rapidez es sin dudas una de las más complejas e importantes, pues es la capacidad que nos permite llevar a cabo acciones motrices en el menor tiempo posible.

Siempre ha existido un conflicto conceptual referente a los términos de velocidad y rapidez, pero en el deporte el término rapidez es apropiado utilizarlo cuando nos referimos a la *Velocidad = Espacio / Tiempo (V=S/T)*.

El desarrollo de la rapidez genera una alta intensidad de trabajo. La carga física que caracteriza esta capacidad eleva la frecuencia cardiaca considerablemente y el sistema energético que utiliza es el de los fosfágenos. El sistema ATP-PC se caracteriza porque la obtención de la energía se realiza sin utilizar oxígeno y sin generar sustancias residuales, este sistema emplea las reservas musculares de ATP y de fosfocreatina. Las reservas de fosfocreatina (PC) suelen ser unas tres veces superiores a las de ATP.

Muchos autores han realizado importantes estudios sobre la rapidez en el deporte, formulando interesantes conceptos a partir de sus criterios, por ejemplo:

Frey (1977): "La rapidez es la capacidad que permite, en base a la movilidad de los procesos del sistema neuromuscular y de las propiedades de los músculos para desarrollar la fuerza, realizar acciones motrices en un lapso de tiempo situado por debajo de las condiciones mínimas dadas".

Ozolin (1983): "El concepto de la rapidez en los deportes abarca la propia velocidad del movimiento, su frecuencia y la rapidez de reacción motora".

Forteza y Ranzola (1988): "La rapidez es la capacidad de realizar una tarea motriz en determinadas situaciones en un relativo mínimo de tiempo o con una máxima frecuencia".

Manno (1994): "Por rapidez se entiende un conjunto heterogéneo de componentes como: el tiempo de la reacción motora, la rapidez de cada uno de los movimientos y el ritmo de los movimientos".

García Manso y col. (1996): "La rapidez representa la capacidad de un sujeto para realizar acciones motoras en un mínimo de tiempo y con el máximo de eficacia".

Collazo (2002): "La rapidez es la capacidad que posee el sistema neuromuscular del organismo humano de reaccionar ante un estímulo externo y la de trasladar un segmento muscular o el propio cuerpo de un lugar a otro en el menor tiempo posible, nunca superior a los 10 segundos".

Ruiz Aguilera (2007): "La rapidez es la capacidad condicional indispensable para realizar, bajo condiciones dadas, acciones motrices en el menor tiempo posible".

Teniendo en cuenta estos criterios, podemos considerar que: *"La rapidez, es la capacidad del ser humano que permite realizar acciones motrices en el menor tiempo posible, manteniendo la estructura técnica del movimiento".*

Manifestaciones de la rapidez, según su carácter

La rapidez se puede manifestar de diferentes maneras, por ejemplo:

La rapidez, por su carácter reactivo, se manifiesta como:

La rapidez de reacción simple: Es la capacidad del organismo de reaccionar ante un estímulo. Por ejemplo, El disparo de la salida en deportes como atletismo, natación o el remo, entre otros.

La rapidez de reacción compleja: Es la capacidad del organismo de reaccionar con rapidez y eficacia ante distintos estímulos desconocidos de tipo externo. Por ejemplo, capacidad de reaccionar ante los golpes del contrario en el boxeo o en deportes como el tenis de mesa o el tenis de campo.

La rapidez, por su carácter activo, se manifiesta como:

La rapidez de acción simple: Es la capacidad que posee el organismo humano de realizar movimientos con una elevada rapidez de contracción en ejercicios de poca complejidad de coordinación. Esta capacidad se manifiesta en el deporte, por ejemplo, cuando se ejecuta un golpe en el boxeo o se ejecuta una técnica de pie en las AMM, el Kick Boxing, el Taekwondo o el Karate.

La rapidez de acción compleja: Es la capacidad del organismo de realizar movimientos de espacios corporales con una elevada rapidez de contracción en ejercicios que exigen una alta complejidad de coordinación en su ejecución. Ejemplo: el remate en el Voleibol, el bateo en el Béisbol, etc.

La rapidez, por su carácter relativamente prolongado al esfuerzo, se manifiesta como:

a) **Resistencia a la rapidez.**
b) **Resistencia anaeróbica.**

Los dos términos son acertados, pues se refieren a la capacidad del organismo de realizar esfuerzo físico de corta duración a una gran intensidad. Cuando el esfuerzo es muy intenso y prolongado se dificulta el suministro de oxígeno al tejido muscular, para realizar las reacciones químicas de oxidación que se necesitarían para cubrir la demanda energética de dicho esfuerzo. Cuanto más intenso es el esfuerzo anaeróbico, más elevada es la cantidad de oxígeno requerido para las combustiones necesarias, en esta situación el organismo se esfuerza para continuar el ritmo y lograr el rendimiento necesario, pero con déficit de oxígeno.

Existen dos tipos de resistencia anaeróbica:
Resistencia anaeróbica aláctica.
- Se refiere a esfuerzos muy intensos con una duración aproximada entre 0 y 15 segundos, donde la presencia de oxígeno es prácticamente nula, utilizándose como sustratos energéticos al creatín fosfato (PCr) y el ATP. No produce sustancias de desecho.

Resistencia anaeróbica láctica.
- Se refiere a esfuerzos no muy intensos y de media duración, aproximadamente entre 15 segundos y 2 minutos. La utilización de sustratos energéticos produce sustancias de desechos como el ácido láctico que se va acumulando y provoca la fatiga.

Factores que condicionan el desarrollo de la rapidez

El desarrollo de la Rapidez está condicionado a determinados factores internos (endógenos) y factores externos (exógenos), como se muestra en la tabla a continuación.

FACTORES QUE CONDICIONAN EL DESARROLLO DE LA RAPIDEZ.

FACTORES ENDÓGENOS	FACTORES EXÓGENOS
a) Tipo de fibra muscular. b) Reservas energéticas. c) Eficacia del sarcoplasma celular. d) Nivel de fuerza máxima. e) Movilidad corporal. f) Rapidez de reacción. g) Rapidez de acción motora. h) Rapidez de traslación. i) Movilidad de los procesos nerviosos	a) Determinada por condiciones objetivas y subjetivas

Factores endógenos que condicionan el desarrollo de la rapidez.

Tipo de fibras musculares.

En el deporte de alto rendimiento es frecuente el análisis y estudio del tipo de fibra muscular que predominan en los deportistas, lo que permite una mejor orientación individual y selección correcta de los ejercicios para las diferentes unidades de entrenamiento.

Los diferentes músculos y grupos musculares están compuestos especialmente por tres tipos de fibras como por ejemplo:

1. **Fibras musculares de Tipo I**: conocidas también como fibras rojas, lentas u oxidativas, S.T (Slow: lento / Twich-contracción), S.O (Slow: lento; O-oxidative):
   - También se denominan fibras rojas por presentar una mayor cantidad de mioglobina, que es una hemoproteína muscular, estructuralmente y funcionalmente muy parecida a la hemoglobina (La mioglobina tiene la función de almacenar oxígeno), se le denomina también miohemoglobina o hemoglobina muscular.
   - Consideradas de contracción lenta, con mayor resistencia al cansancio o fatiga, de color rojizo, con un diámetro menor, una elevada capacidad oxidativa y una baja capacidad glicolítica.
   - Son eficientes en soportar actividades prolongadas de poca intensidad como las carreras de fondo, debido a que normalmente contienen un gran número de mitocondrias y utilizan ATP lentamente.
   - Le llaman oxidativa, debido a que su metabolismo es fundamentalmente aeróbico. Sus características bioquímicas apuntan en esa dirección.

2. **Fibras musculares de Tipo II:** conocidas también como fibras rápidas o blancas.

Existen dos tipos de fibras rápidas Tipo II, determinado fundamentalmente por el componente energético que predomine en ellas, por ejemplo:

a) **Fibras musculares de Tipo II A:**
   - Estas presentan dos tipos de metabolismos energéticos (aeróbico y lactacidémico), con predominio del aeróbico. A estas fibras se les denomina fibras rápidas oxidativas-glucolíticas o FOG (Fast: rápidas; O-oxidative; G-glycolitic).
   - Tienen un contenido de mioglobina alto, muchos capilares y mitocondrias.
   - Su contenido de glucógeno es moderado, haciendo que estos sean resistentes a la fatiga.
   - Tienen velocidades de contracción y mucha actividad de la miosina ATPasa, por lo tanto son los más adecuados para las actividades que utilizan tanto la glucólisis anaeróbica como la aeróbica.

b) **Fibras musculares de Tipo II B. (Fibras grises).** Exhibe poca actividad aeróbica, presentando una mayor cantidad de enzimas responsables del proceso degradativo de la glucosa por la vía anaeróbica, es decir en este tipo de fibras el componente anaeróbico lactacidémico está muy desarrollado. Por lo tanto, estas fibras se denominan rápidas glucolíticas o FG (Fast: rápidas; G-glycolitic).

Los tipos de fibra muscular se identifican por sus características bioquímicas y el grado de su participación activa, dependerá del tipo de trabajo que se realice, por ejemplo:

Los diferentes tipos de fibras y su predominio en los deportistas están condicionados al factor genético, por ello muchos especialistas consideran que los competidores rápidos y los resistentes nacen, aunque todos coincidimos que con el entrenamiento se desarrollan las diferentes capacidades físicas y la combinación de estas en su carácter general y especial.

Por las altas exigencias competitivas actuales no basta solamente con las características individuales o naturales, se necesita de competidores con una preparación multidisciplinaria, que le permita alcanzar los triunfos y los niveles competitivos que exige el deporte internacional.

Es justo destacar que los grandes grupos musculares de nuestro organismo, como por ejemplo bíceps, tríceps, deltoides, etcétera, están constituidos por diferentes tipos de fibras musculares, con porcientos (%) diferentes de fibras en su composición.

Reservas energéticas de ATP y fosfocreatina.
Sin duda alguna, es conocido por todos la estrecha relación existente entre el tipo de fibra muscular y las reservas energéticas. En las fibras musculares FT (Fast Twicht) existen grandes concentraciones de ATP y fosfocreatina, estos substratos energéticos garantizan la energía muscular para realizar actividades físicas que requieran de elevadas concentraciones o tensiones musculares, lo que implica que el entrenamiento específico para el desarrollo de la rapidez puede llegar a aumentar las reservas energéticas de ATP y creatín fosfato, llegando incluso a modificar el tipo de fibra. Además, actualmente se conoce que con un entrenamiento especial se llegan a incrementar las reservas de fosfátenos pero en proporciones limitadas, lo que sucede es que un atleta entrenado a un alto nivel llega a perfeccionar este sistema

haciéndolo mucho más efectivo si lo comparamos con otro atleta menos entrenado.

Eficacia del sarcoplasma celular.
Muchas investigaciones efectuadas en la actualidad, confirman categóricamente que la producción de energía anaeróbica tiene lugar en el sarcoplasma celular. La eficacia de este mecanismo de producción de energía (ATP) está dada por las posibilidades que tiene el organismo de almacenar este tipo de substrato y en qué medida lo utiliza. Si queremos desarrollar y aprovechar tenemos que repetir el ejercicio sistemáticamente con cargas de carácter anaeróbico, pues sólo se producirá esa energía si la gastamos (Síndrome de Hans Seyle).

Niveles de fuerza máxima.
Generalmente se dice que la mayoría de los deportistas de halterofilia son muy rápidos. En la actualidad, si observamos el somatotipo de los grandes velocistas a nivel mundial, nos percatamos del enorme desarrollo muscular que estos poseen. La práctica nos permite conocer que, cuando realizamos o desarrollamos altos niveles de fuerza máxima, los músculos se contraen, dotándolos así de una mayor capacidad de respuesta ante los impulsos nerviosos y por ende, mayores facultades para efectuar acciones motrices deportivas con alta velocidad de ejecución.

Movilidad corporal del deportista.
Para el desarrollo de la rapidez de un deportista es indispensable el desarrollo de la movilidad corporal, ya que esta no solo permite la amplitud y frecuencia de los pasos, sino que garantiza una mayor

agilidad de los movimientos técnicos, más habilidad, mejor coordinación intramuscular e intermuscular, etc. Tenemos la hipótesis, aún sin comprobar científicamente, de que un individuo puede llegar a ser rápido sin correr, sólo haciendo ejercicios para el desarrollo de la movilidad y la fuerza máxima. Una capacidad garantiza la relajación mientras la otra permite la contracción.

Rapidez de reacción.

Es la capacidad neuromuscular de responder en el menor tiempo posible a un estímulo determinado, que puede ser auditivo, visual, táctil o una combinación de estos. El tiempo que demora entre la percepción y la respuesta motora al estímulo es el tiempo de reacción.

Rapidez de acción motora.

Esta capacidad desarrollada proporciona al atleta una cualidad necesaria para realizar acciones motrices con elevada rapidez y contracción muscular. La rapidez de acción motora está estrechamente vinculada en la práctica con la fuerza rápida, es muy difícil separarlas, pues siempre forman parte de aquellas acciones motrices de máxima intensidad e intervalos de tiempo muy cortos.

Rapidez de traslación.

Constituye la capacidad con la que el atleta pone de manifiesto su condición física para realizar acciones motrices en el menor tiempo posible, es precisamente donde se puede comprobar el nivel de desarrollo de la rapidez como capacidad del organismo.

Movilidad de los procesos nerviosos.

Este constituye un factor esencial en el desarrollo de la rapidez, está eminentemente condicionado por un factor genético y hereditario, su esencia radica en la capacidad que posee un organismo humano para dar respuesta rápida a las constantes exigencias intramusculares e intermusculares que tienen lugar en las acciones que generan altas intensidades musculares.

Factores exógenos que condicionan el desarrollo de la rapidez.

Entre los factores de carácter externo que condicionan el desarrollo de la rapidez, encontramos fundamentalmente los siguientes:

- El aprovechamiento óptimo de los llamados períodos sensitivos o críticos del desarrollo de la rapidez que tienen lugar en el proceso de evolución natural del hombre.
- El régimen de vida que contempla la alimentación, sueño, actividades que se realizan diariamente, etc.
- Tipo de entrenamiento que se ha realizado y se realiza.
- Conocimientos científico-metodológicos, pedagógicos y psicológicos que posea el entrenador.
- Medios disponibles con que se cuenta para el entrenamiento.
- Grado de motivación y voluntad del sujeto.
- Posibilidades competitivas.

El desarrollo de la rapidez influye positivamente en los deportistas entrenados, provocando efectos favorables como:

- Aumenta la capacidad del organismo para la producción

de energía anaerobia a nivel del sarcoplasma celular.
- Mejora la actividad de respuesta de las motoneuronas.
- Mejora la capacidad anaeróbica alactácida.
- Mejora la coordinación neuromuscular.
- Aumenta la velocidad de los movimientos espacio -corporales.
- Mejora la capacidad de reacción, acción y traslación.
- Mejora la actividad de la miosina.
- Incrementa los niveles de hidratos de carbono.

Para el desarrollo de la rapidez se utilizan diferentes métodos de entrenamiento, donde las distancias a recorrer se seleccionan atendiendo a las características individuales de los competidores y a la etapa de preparación en que se encuentran.

1.2.1 Métodos para el Desarrollo de la Rapidez.

Método de repetición estándar.

No existen variaciones en el contenido de la carga que se realiza.
- La recuperación entre repeticiones oscila entre 1 – 3 minutos.
- La recuperación entre serie oscila entre 3 - 5 minutos.

Ejemplo:
a) 3x3x60 metros (3 series de 3 tandas de 60 metros).

Método de repetición progresiva.

Existen variaciones en el contenido de la carga que se realiza.

- Su objetivo es ir aumentando las exigencias de entrenamiento, la intensidad y distancia a recorrer.
- La recuperación entre repeticiones oscila entre 1 - 3 minutos.
- La recuperación entre serie oscila entre 3 - 5 minutos.

Ejemplo:
   a) 3x2x40 metros (3 series de 2 tandas de 40 metros).
   b) 2x2x50 metros (2 series de 2 tandas de 50 metros).
   c) 1x2x60 metros (1 serie de 2 tandas de 60 metros).

Método de repetición regresiva.

Existen variaciones en el contenido de la carga que se realiza.
- Su objetivo es disminuir las distancias, pero se mantienen las exigencias de entrenamiento y la intensidad.
- La recuperación entre repeticiones oscila entre 1 - 3 minutos.
- La recuperación entre serie oscila entre 3 - 5 minutos.

Ejemplo:
   a) 3x2x60 metros (3 series de 2 tandas de 60 metros).
   b) 2x2x50 metros (2 series de 2 tandas de 50 metros).
   c) 1x2x40 metros (1 serie de 2 tandas de 40 metros).

Método de repetición alterna.

Existen variaciones ondulatorias en el contenido de la carga que se realiza.
- Su objetivo es ir alternando las exigencias de entrenamiento.
- La recuperación entre repeticiones oscila entre 1 - 3 minutos.
- La recuperación entre serie oscila entre 3 - 5 minutos.

Ejemplo:
   a) 1x1x60 metros (1 serie de 1 tanda de 60 metros).

b) 2x2x30 metros (2 series de 2 tandas de 30 metros).

c) 1x1x60 metros (1 serie de 1 tanda de 60 metros).

Método de repetición combinado.

Existen variaciones ondulatorias en el contenido de la carga que se realiza.

- Su objetivo es ir alternando las exigencias de entrenamiento.
- La recuperación entre repeticiones oscila entre 1 - 3 minutos.
- La recuperación entre serie oscila entre 3 - 5 minutos.

Ejemplo:

a) 1x1x60 metros (1 serie de 1 tanda de 60 metros).

b) 1x1x40 metros (1 serie de 1 tanda de 40 metros).

c) 1x1x60 metros (1 serie de 1 tandas de 60 metros).

d) 1x1x30 metros (1 serie de 1 tanda de 30 metros).

Método del juego.

- Aquí se eligen juegos que exijan carreras rápidas de los competidores en el menor tiempo posible, independiente de los objetivos del juego.
- Los participantes deben tener una alta motivación por el juego y realizar las carreras en el menor tiempo posible.
- El tiempo de las carreras en el juego no debe exceder los 12 segundos.

1.2.2 Entrenamiento de la Rapidez en el Boxeo y las Artes Marciales Mixtas (AMM)

En el boxeo y el AMM, como los demás deportes se distinguen la rapidez general y la especial, ambas tienen una relación muy estrecha pero se utilizan medios diferentes para su desarrollo y perfeccionamiento.

Para el desarrollo de la rapidez general en el boxeo y las artes marciales mixtas (AMM), se utiliza frecuentemente la carrera con diferentes dosificaciones en las distancias a realizar, generalmente se emplean distancias hasta 60 metros, por ejemplo:

1. Carrera a máxima rapidez (Velocidad) – 0 a 60 metros
2. Repeticiones 3x10 a 60m / 5x10 a 60m.
   El número de repeticiones puede variar teniendo presente la etapa de preparación del competidor y su nivel de entrenamiento y maestría.

```
0 ──────────────▶ 10m / 20m
0 ────────────────────────────▶ 30m / 40m / 50m
0 ──────────────────────────────────▶ 60m
```

3. Carreras en pendientes.

```
0 ╲
   ╲
    ╲
     ╲▶ 20m / 40m -- 60m.
```

4. Arrancadas en diferentes posiciones.
5. Carreras volantes: el competidor comienza con un trote suave y a una señal determinada realiza una carrera rápida a máxima intensidad, donde la distancia a recorrer no debe ser superior a los 60 metros, por ejemplo:

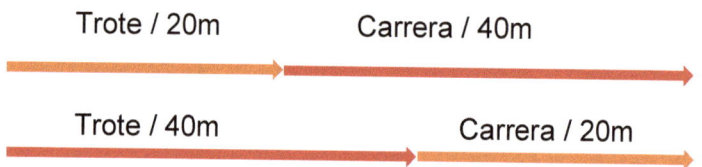

Para el desarrollo de la rapidez especial en el boxeo y las artes marciales mixtas (AMM), se emplean medios especiales, propios del deporte que se practica, con intervalos de trabajos que alternan con la recuperación, el competidor debe realizar la tarea orientada con la mayor rapidez e intensidad posible, la dosificación depende del nivel de entrenamiento y maestría del deportista, las más utilizadas son 6x30"x10", 9x20"x10", 18x10"x10".

También se realizan varios ejercicios que favorecen a la rapidez especial, por ejemplo:
a) Realización de la sombra con intensidad máxima.
b) La ejecución de golpes individuales y la combinación de estos con la mayor rapidez posible.
c) Golpeo libre con cambios de ritmo en el saco ligero.
d) Realizar acciones combinadas típicas de un combate real: ataques, contra ataques, desplazamientos, defensas y la

combinación de estos, respondiendo a un estímulo externo con la mayor rapidez posible.

1.3 Preparación física. La Resistencia.

La resistencia es considerada la base de las capacidades físicas, es la más necesaria para vivir y es la última que se pierde. Al comenzar cualquier tipo de entrenamiento, se hace necesario crear una base aeróbica en el organismo del deportista y esto sólo es posible gracias al desarrollo de la resistencia.

Múltiples investigaciones han ratificado la importancia de la capacidad resistencia en el deporte, por lo que destacados autores han elaborado importantes conceptos, entre los que se destacan:

Ozolin (1970): "Desde el punto de vista fisiológico, la resistencia se caracteriza como la capacidad de realizar un trabajo prolongado al nivel de intensidad requerido, como capacidad para luchar contra la fatiga".

Frey (1977): "Resistencia general psíquica: Capacidad del deportista que se obliga a soportar una carga de entrenamiento sin interrupción y el mayor tiempo posible. Resistencia general física: Capacidad de todo el organismo, o solamente de una parte, para resistir la fatiga".

Forteza & Ranzola (1988): "Capacidad de realizar un trabajo con efectividad".

Hahn (1988): "Capacidad del hombre para aguantar contra el cansancio durante esfuerzos deportivos".

Menshikov & Volkov (1990): "Desde el punto de vista bioquímico, la resistencia se determina por la relación entre la magnitud de las reservas energéticas accesibles para la utilización y la velocidad de consumo de la energía durante la práctica deportiva".

$$\text{Resistencia} = \frac{\text{Reserva de energía}}{\text{Velocidad consumo de energía}}$$

Zintl (1991): "Capacidad de resistir psíquica y físicamente a una carga durante largo tiempo, produciéndose finalmente un cansancio insuperable debido a la intensidad y duración de la misma o de recuperarse rápidamente después de esfuerzos físicos y psíquicos".

Manno (1994): "Capacidad de resistir a la fatiga en trabajos de prolongada duración".

Collazo (2002): "Capacidad que posee el hombre para resistir al agotamiento físico y psíquico que producen las actividades físico deportivas de prolongada duración y que está condicionada por factores externos e internos a él".

Weineck (2005): "Capacidad psíquica y física que posee un deportista para resistir la fatiga".

Ruiz Aguilera (2007): "Capacidad física condicional que se pone de manifiesto al realizarse una actividad física duradera sin disminuir su rendimiento".

En los conceptos formulados por los autores existen aspectos comunes en la capacidad resistencia como: rendimiento, fatiga o cansancio, recuperación, reservas energéticas del organismo y esfuerzos volitivos, por lo que podemos considerar que:

La resistencia…*"es una capacidad condicional que se desarrolla con el trabajo sistemático de una forma progresiva y dosificada, sustentada por condiciones hereditarias, manifestándose en el deportista en su rendimiento físico que le permite retrasar la aparición del estado de agotamiento o fatiga; permitiendo además, una rápida recuperación"*.

Resistencia (vs) Cansancio.

Según Zintl (1991), con la aparición del cansancio, producto de la carga física, aparece una disminución transitoria de la capacidad de rendimiento del deportista provocado por varios factores entre los que se destacan:

- Disminución de las reservas energéticas. (fosfocreatina y glucógeno).
- Acumulación de sustancias intermedias y terminales del metabolismo, como son el ácido láctico y la urea.
- Inhibición de la actividad enzimática por sobre acidez o cambios en la concentración de las enzimas.

- Desplazamientos de electrólitos. (ejemplo: el potasio y el calcio de la membrana celular).
- Disminución de las hormonas por el esfuerzo fuerte y continuo (ejemplo: la adrenalina y la noradrenalina como sustancias de transmisión, la dopamina en el SNC).
- Cambio en los órganos celulares y en el núcleo de la célula (ejemplo: las mitocondrias).
- Procesos inhibidores a nivel del sistema nervioso central por la monotonía de las cargas.
- Cambios en la regulación a nivel celular dentro de cada uno de los sistemas orgánicos.

Como consecuencia de la aparición del cansancio por la disminución de las reservas energéticas en el organismo del competidor, pueden aparecer algunos síntomas asociados a este momento, manifestándose de maneras diferentes en los competidores. Según diferentes autores los síntomas se pueden manifestar de manera subjetiva y objetiva, como mostramos a continuación.

Síntomas subjetivos.
- Centelleo en los ojos.
- Zumbido en los oídos.
- Sofocación
- Mareo.
- Decaimiento.
- Apatía frente a estímulos exteriores.
- Dolor muscular.

Síntomas objetivos.
- Disminución del rendimiento deportivo.
- Cesión de la fuerza muscular, mayor tiempo refractario, elevación del umbral de estimulación, disminución de las respuestas reflejas, temblor muscular, interferencias coordinativas.
- Desviación electrolítica, incremento del lactato, modificaciones del PH, disminución del glucógeno, modificación del equilibrio endocrino.
- Modificación de la actividad de las corrientes cerebrales.
- Disminución del rendimiento al intentar trabajar.
- Disminución de concentración y atención, empeoramiento de la capacidad perceptiva.

En el deporte, el cansancio puede evidenciarse de varias maneras, por ejemplo:
- *Cansancio Físico:* Reducción reversible de la función del músculo esquelético.
- *Cansancio mental:* Paro transitorio de la capacidad de concentración.
- *Cansancio sensorial:* Disminución transitoria de la percepción sensorial. (Sobre todo visual, auditiva y táctil).
- *Cansancio motor:* (Coordinación), reducción transitoria de la emisión de estímulos motrices a través del sistema nervioso central, SNC.
- *Cansancio motivacional:* (Anímico), ausencia de los estímulos volitivos o bien emocionales para el rendimiento deportivo.

Un buen nivel de desarrollo de la capacidad de resistencia, según Zintl (1991), permite apreciar **las funciones más importantes de la resistencia** como son:

1. Mantener, durante el máximo tiempo posible, una intensidad óptima a lo largo de la duración establecida de la carga.
2. Mantener al mínimo las pérdidas inevitables de intensidad cuando se trata de cargas prolongadas.
3. Aumentar la capacidad de soportar las cargas cuando se afronta una cantidad voluminosa de carga durante los entrenamientos y las competencias.
4. Recuperación acelerada después de las cargas.
5. Estabilización de la técnica deportiva y de la capacidad de concentración en los deportes técnicamente más implicados.

Clasificación de la resistencia

Teniendo en cuenta los fundamentos de la literatura especializada, la resistencia, por su forma de manifestación, se puede clasificar de las siguientes maneras:

Por el carácter del contenido del ejercicio: Se clasifica en resistencia general y resistencia especial.

Resistencia general: Son todos aquellos ejercicios que sirven de base al desarrollo aeróbico en la preparación del deportista, que crean el cimiento para el acondicionamiento físico óptimo en la consecución de la forma deportiva.

Resistencia especial: son todos aquellos ejercicios que, en presencia de oxígeno, se realizan teniendo cierta similitud con las exigencias aeróbicas del deporte practicado.

Por el sistema energético utilizado: Se clasifica en resistencia aeróbica y resistencia anaeróbica.

Resistencia Aeróbica: Es cuando realizamos ejercicios de resistencia en presencia suficiente de oxígeno para la oxidación del glucógeno y los ácidos grasos, que mediante múltiples reacciones, permiten la degradación de los depósitos energéticos hasta quedar H_2O y CO_2, los cuales son expulsados del organismo a través de la sudoración, la orina y la respiración.

Hollmannn & Hettinger (1990), teniendo presente el tiempo de trabajo, clasifican la resistencia aeróbica en:

- Resistencia aeróbica de corta duración. (3 a 10 minutos.)
- Resistencia aeróbica de media duración. (10 a 30 minutos.)
- Resistencia aeróbica de larga duración. (más de 30 minutos.)

Es de gran relevancia para la resistencia de corta duración los niveles de concentración de ácido láctico en sangre, para la de media duración el nivel del umbral anaeróbico y para la de larga duración los depósitos de glucógeno y la calidad de los procesos metabólicos del organismo.

Resistencia Anaeróbica: También es identificada como la resistencia con deuda de oxígeno, porque manifiesta la capacidad que tiene el competidor de mantener la actividad física el mayor tiempo posible con insuficiencia de oxígeno, durante la realización de un esfuerzo físico de una gran intensidad. Se pone de manifiesto cuando no existe un aporte significativo de oxígeno que el organismo necesita para el proceso de oxidación y poder satisfacer el requerimiento energético que el esfuerzo físico demanda. Se consideran anaeróbicos los esfuerzos físicos de alta intensidad que no pueden realizarse por más de 3 minutos.

Dependiendo de la duración del esfuerzo realizado se distinguen dos tipos de sistemas anaeróbicos:

a) Resistencia anaeróbica aláctica.
- Se refiere a la realización de esfuerzos físicos intensos y de muy corta duración, aproximadamente entre 0 y 15 segundos.
- La presencia de oxígeno (O_2), es prácticamente nula.
- Aquí los sustratos energéticos (ATP, PC), que intervienen no producen sustancias de desecho (ácido láctico), utiliza la propia energía del músculo.

b) Resistencia anaeróbica láctica.
- Se refiere a esfuerzos intensos y de media duración aproximadamente entre (15 y 120 segundos).
- Aquí los sustratos energéticos que intervienen producen sustancias de desecho muscular tales como el ácido láctico que se produce por degradación del glucógeno del músculo de la glucosa proveniente del hígado (glucólisis), y se va acumulando y causa de forma rápida la conocida fatiga.

Hollmann & Hettinger (1990), teniendo presente el tiempo de trabajo, clasifican la resistencia anaeróbica en:
- Resistencia anaeróbica de corta duración (10 a 20 segundos).
- Resistencia anaerobia de media duración (20 a 60 segundos).

- Resistencia anaerobia de larga duración (60 a 120 segundos).

El desarrollo de la resistencia está condicionado por diferentes factores internos, entre los que se destacan: las particularidades hereditarias y genéticas del competidor, la capacidad cardiovascular del organismo (el máximo consumo de oxigeno - VO2MAX) y la adecuada funcionabilidad del conjunto de órganos y sistemas del competidor ante las exigentes cargas físicas que requiere esta capacidad.

Un factor significativo en el desarrollo de la resistencia son las particularidades psicológicas de la personalidad del competidor y el desarrollo de los procesos volitivos, pues esta capacidad requiere extrema voluntad, perseverancia, tenacidad y exigencia máxima del competidor.

Es importante además tener presente para el desarrollo de la rapidez, factores externos como por ejemplo:
- Nivel de conocimiento del entrenador.
- Características individuales de los competidores.
- Sistema nutricional.
- Régimen de vida.
- Condiciones materiales y medios disponibles para el entrenamiento.
- Planificación adecuada del proceso de entrenamiento.

Para cualquier deportista, la resistencia constituye una capacidad sumamente importante para el logro de los mejores rendimientos competitivos, por la gran cantidad de beneficios que le aporta al competidor.

Beneficios de la resistencia en el organismo del competidor.

- Ampliación de la capacidad aeróbica del individuo.
- Mejora en la capacidad de adaptación y la compensación del lactato.
- El desarrollo de esta capacidad conlleva a una hipertrofia cardiaca.
- Se incrementa la capilarización del organismo.
- Se incrementa el volumen sanguíneo.
- Mejora el funcionamiento del sistema cardiovascular.
- Mejora notablemente la salud general de la persona.
- Mejora la capacidad de intercambio gaseoso a nivel mitocondrial.
- Mejora el funcionamiento del sistema linfático.

La selección correcta de los medios y métodos a utilizar en el entrenamiento para el desarrollo de la resistencia en el competidor, es una condición obligatoria para lograr los mejores resultados.

Medios fundamentales para educar y desarrollar la resistencia.

- Carreras continuas de corta, media y larga duración con ritmo invariable.

- Carreras continuas de corta, media y larga duración con ritmo variable.
- Carreras discontinuas de corta, media y larga duración.
- Cross Country o carreras a campo traviesa por terrenos irregulares.
- Juegos.
- Marchas o caminatas.
- Ejercicios dinámicos y variados en el lugar.
- Ejercicios en medios irregulares.

Veamos en detalle cada una de ellas:

Carreras continuas de corta, media y larga duración con ritmo invariable: este medio es de suma importancia para el desarrollo de la resistencia, ya que permite cuantificar y regular la carga física, ya sea controlando el tiempo de duración de la carrera o la distancia por recorrer o ambas inclusive. Las carreras continuas facilitan el constante funcionamiento de todos los órganos y sistemas, mantienen los procesos de resíntesis de energías, lo que garantiza una mayor adaptación del organismo, y con ello, una mayor disposición para el trabajo. Este tipo de medio se debe utilizar al inicio de cualquier preparación, por lo que son típicos de la etapa de preparación física general para cualquier deporte.

Al competidor, se le deben ir aumentando gradualmente las distancias y los tiempos de las carreras en correspondencia con la etapa de preparación y el objetivo que se quiera lograr con la carrera.

Carreras continuas de corta, media y larga duración con ritmo variable: las carreras continuas de corta, media y larga duración con ritmo variable desempeñan un papel decisivo en la consecución de resultados altamente físicos. En este medio, se conocen mundialmente como las carreras de tipo fartlek. El fartlek es una palabra sueca que significa juego con cambio de velocidad, o correr por alegría. Con este tipo de medio se garantiza variar el ritmo de trabajo y la intensidad, así como las influencias que sobre el organismo ejerce esta forma de trabajo.

Existen diferentes tipos de fartlek, los que serán explicados más adelante en el epígrafe dedicado a los métodos de entrenamiento para desarrollar la resistencia.

Carreras discontinuas de corta, media y larga duración: este tipo de medio facilita el desarrollo de la resistencia con un carácter interválico, lo que permite alternar tanto el volumen como la intensidad. Esta forma de trabajo produce diferentes tipos de estimulación en todo el organismo, trayendo consigo, una mayor variabilidad en su potencial de entrenamiento y con ello, una amplia capacidad de adaptación para realizar trabajos de resistencia.

Cross Country o carreras a campo traviesa por terrenos irregulares: el Cross Country o carrera a campo traviesa permite un mejor intercambio con el medio natural, lo que hace, que se pueda aprovechar ese entorno (irregularidades del terreno, diferentes obstáculos, etc.), para el desarrollo de la resistencia.

La utilización de este medio posibilita una mayor oxigenación del organismo, pues generalmente estas zonas están pobladas de árboles y plantas. Puede ser utilizado en cualquier etapa de la preparación del deportista y son múltiples los propósitos que se pueden lograr al emplearse.

Juegos: los juegos constituyen un medio eficaz para el desarrollo de la resistencia. Producto de las variadas motivaciones que proporcionan los diferentes juegos en el hombre, así como las características existentes en cada uno de ellos, permiten el desarrollo de la resistencia tanto anaeróbica como aeróbica. Estos pueden utilizarse en cualquier momento de la preparación del deportista y tienen la particularidad de desarrollar otras capacidades conjuntamente con la resistencia.

Marchas o caminatas: las marchas o caminatas constituyen un medio idóneo para desarrollar la resistencia aeróbica. La intensidad de las mismas puede ir incrementándose hasta llegar a la marcha deportiva. Este medio es recomendable para el trabajo de la resistencia en niños y adolescentes fundamentalmente, aunque las personas adultas pueden utilizarlo como ejercicio para mejorar su estado de salud. En atletas de alto rendimiento deportivo, puede constituir cargas de recuperación o de restablecimiento después de las competencias.

Ejercicios dinámicos y variados en el lugar: los ejercicios dinámicos y variados en el lugar; como pueden ser bailar la suiza, trotar en el lugar, saltar en el lugar, etc., son medios que garantizan el desarrollo de la resistencia del organismo. Pueden ser utilizados para el desarrollo de la resistencia en los niños y constituyen un medio eficaz para muchos deportes.

Ejercicios en medios irregulares: otros medios importantes para el desarrollo de la resistencia son los que se realizan en superficies irregulares como puede ser la arena, el agua y otros terrenos irregulares o montañosos. Estos generan básicamente un gran esfuerzo por parte de los atletas y ejercen mucha resistencia al organismo, por lo que provocan un rápido cansancio ya que se desarrollan en un medio atípico al hombre. Se emplean con frecuencia en la preparación de los deportistas de alto rendimiento.

1.3.1 Métodos para el Desarrollo de la Resistencia.

En la actualidad, existen múltiples métodos para el desarrollo de la resistencia. A continuación, se hace referencia a aquellos que se consideran más factibles para el conocimiento de quienes ejercen la función de entrenador deportivo. Pero antes, veamos el criterio de varios autores acerca del concepto de método.

Conceptos de método asumidos por diferentes autores.

Klaus & Buhr (1969): "Sistema de reglas (metódicas) que determinan las clases de los posibles sistemas de operaciones que, partiendo de ciertas condiciones iniciales, conducen a un objetivo determinado".

Klingberg (1972): "El método como serie sistemática de acciones, indica la estructura de lo metódico. Método significa proceder gradual, escalonado, es pues, una serie de pasos u operaciones estructurales lógicamente, con las que se ejecutan distintas acciones encaminadas a lograr un objetivo determinado".

Gmurman & Korolev(1978): "El método refleja las regularidades internas del desarrollo de aquella actividad en la cual se aplica y descubren las peculiaridades propias del proceso".

Forteza & Ranzola (1988): "Formas interrelacionadas de trabajo entre el pedagogo y el educando y que están dirigidas a la solución de las tareas de la enseñanza".

Labarrere & Valdivia (1988): "Sistema de reglas que nos sirven para alcanzar un objetivo determinado y que persiguen también los mejores resultados. El método presupone la presencia de objetivos, un sistema de operaciones, la utilización de medios, la existencia de un objeto y alcanzar un resultado".

Manno (1994): "La relación activación – recuperación, sobre todo en períodos breves, la naturaleza del ejercicio, y la activación que éste último implica, la voluntariedad general, emocional y física, que en las diversas formas de trabajo puede ser necesaria. Son factores que requieren la organización de la ejecución de los ejercicios en el contexto espacial, emocional y físico, mediante procedimientos que se pueden definir como métodos o metodologías del entrenamiento".

Barrios & Ranzola (1998): "Es la vía o camino más efectivo para lograr algo".

Collazo (2002): "El método es un componente pedagógico-didáctico que permite la estructuración lógica e interna del contenido de la enseñanza. En términos de entrenamiento deportivo, el método constituye una categoría que permite la organización regulada de la carga física, en estrecha relación con los objetivos propuestos. Prácticamente, determina la calidad del proceso del entrenamiento".

Weineck (2005): "Los métodos del entrenamiento suelen presentarse como procedimientos prácticos desarrollados metódicamente a fin de satisfacer los objetivos propuestos".

Ruiz Aguilera (2007): "Constituyen determinadas formas, tipos y modos de regular la carga física, con el objetivo de provocar en el individuo el desarrollo de la fuerza muscular, la rapidez de sus movimientos u otras capacidades bien sean condicionales o coordinativas".

Dentro de los métodos existentes para el desarrollo de la resistencia como capacidad física, indispensables en la preparación del deportista, se encuentran los llamados métodos continuos y discontinuos de trabajo. Esta clasificación está dada por la forma de trabajo que caracteriza al ejercicio físico utilizado en el entrenamiento.

Los métodos continuos para el entrenamiento de la resistencia.

Los métodos continuos, como su nombre lo indica, son aquellos que no interrumpen las cargas de entrenamiento para dar paso a algún tipo de recuperación, sino que el trabajo tiene un carácter de continuidad, hasta tanto no termine dicha carga. Estos métodos a su vez se subdividen en variables e invariables.

Los métodos continuos variables, tienen como característica fundamental que aun manteniendo el trabajo de forma continua, permiten variar el ritmo de ejecución de la carrera, régimen de trabajo, la velocidad de los movimientos, etc., posibilitando que el atleta reciba diferentes tipos de estímulos durante una misma carga física. Dentro de los métodos continuos variables se encuentran fundamentalmente los fartlek, de los cuales hablaremos a continuación:

El fartlek libre orientado:
Es aquel donde el entrenador orienta parte de la tarea por realizar pero no específica ni el tiempo de duración para cada tramo a recorrer, ni el ritmo de trabajo. Ejemplo: cuando orientamos a los atletas correr las curvas en la pista y a trotar suavemente las rectas.

El fartlek especial:
Es el que permite realizar de forma continua varios tipos de ejercicios con diferentes estructuras motrices. Ejemplo: cuando hacemos el siguiente trabajo:
- 50 mts – Trote elevando el muslo.
- 50 mts _ Trote tocando glúteo.
- 50 mts _ Salto índio.
- 50 mts _ Salto alterno.
- 50 mts _ Salto con pie derecho.
- 50 mts _ Salto con pie izquierdo.

- 50 mts _ Salto de Rana.
- 50 mts _ Carrera de velocidad máxima. etc.

El fartlek líder:

Es cuando el entrenador selecciona a uno o a varios atletas indistintamente y le orienta la forma de trabajo a seguir. Cada atleta conoce la distancia que tiene que correr, él realiza sprint con arrancadas rápidas y sin avisar al resto de los atletas, éstos a su vez, salen detrás del líder con el propósito de darle alcance, pero con la orientación de que el resto de los atletas se detienen cuando el líder lo haga.

El fartlek control:

Se recomienda su uso al final de la etapa de preparación física general y la especial. Su objetivo es evaluar el estado físico en que se encuentran los atletas. El profesor Juan Gualberto Bacallao Ramos, del Instituto Superior de Cultura Física de Ciudad Habana – Cuba, ha establecido diferentes variantes para determinadas especialidades deportivas:

Tipos de fartlek control según Bacallao Ramos (1997).

1500 m	Distancia	8 Km.	6 Km.	10 Km.	12 Km.	15 Km.
	Variante	3-1	2-1	2-3: 3-2	3-1	3-2:2-3
3000 m/obstáculos	Distancia	8 Km.	10 Km.	12 Km.	15 Km.	20 Km.
	Variante	3-1	3-2:2-3	3-1	3-2:2-3	3-2:2-3
5000 m 10 000 m	Distancia	12 Km.	15 Km.	20 Km.		
	Variante	3-1:2-1	3-2:2-3	3-2:2-3		

Dentro de los métodos variables podemos también mencionar el método variable-combinado, que no es más que el método del juego, fundamentalmente los juegos deportivos y los de carreras.

El método continuo invariable aeróbico, es muy utilizado al principio de cualquier preparación físico-deportiva, favorece el desarrollo de la resistencia aeróbica y permite una rápida adaptación del organismo a este tipo de trabajo. Un ejemplo en la práctica, es cuando realizamos una carrera continua con una duración mayor a los tres minutos.

Los métodos discontinuos para el entrenamiento de la resistencia.

Estos métodos se caracterizan porque permiten la interrupción breve de las cargas para dar paso a la recuperación. Son más utilizados en la etapa de preparación física especial. Su objetivo está dirigido al desarrollo de la resistencia anaeróbica y aeróbica a partir de repeticiones interválicas de trabajo. Los métodos discontinuos se subdividen atendiendo al tiempo de duración de cada repetición en anaeróbico y aeróbico. El tiempo de recuperación entre cada repetición lo determinan varios factores, entre ellos: nivel del atleta, objetivos por lograr, tiempo de duración de los ejercicios, su intensidad y volumen.

1.3.2 Entrenamiento de la resistencia en el boxeo y las Artes Marciales Mixtas (AMM).

El boxeo y las AMM, son deportes que para competir por un título mundial se requiere un excelente nivel de desarrollo en los diferentes componentes del Sistema de Preparación del Deportista (Física, Técnico, Táctica, Psicológica, Teórica y Competitiva).

Los combates cada día son más exigentes y nivelados, pues el nivel del desarrollo de los diferentes adversarios también crece a ritmo acelerado. Por ello para mantener un alto y efectivo desempeño competitivo durante todos los asaltos sin disminuir la efectividad de las acciones combativas, se requiere de un elevado nivel de resistencia general y especial, que evite la aparición del cansancio, aun cuando el ritmo del combate sea intenso.

En el boxeo y el AMM, para el entrenamiento de la resistencia especial se realizan múltiples variantes al entrenamiento, pues cada entrenador tiene su forma típica de alcanzar el mejor resultado en sus competidores. A continuación se presentan algunos ejemplos para el desarrollo de Resistencia especial.

- Aumentando el tiempo de los asaltos durante los entrenamientos.
- Aumentando el número de asaltos durante los entrenamientos.
- Disminuyendo el tiempo de recuperación entre los asaltos.
- Utilizando entrenamientos combinados con cambios de ritmos.
- Alternando los asaltos con mayor tiempo de duración para el trabajo y descanso normal, con asaltos normales para el trabajo y menos tiempo para el descanso.
- Realizando trabajos combinados de carácter técnico y físico.

A medida que progresa la preparación, se van articulando los entrenamientos combinados, tanto en la preparación general como en la preparación especial, teniendo presente la planificación detallada de todo el trabajo técnico–táctico y el programa de sparring. Todo esto es posible por la correcta selección y utilización de los medios y métodos más acertados en cada una de las etapas de la preparación.

Para el entrenamiento y desarrollo de la resistencia general, se pueden realizar múltiples ejercicios utilizando diferentes medios, como por ejemplo:

- Carrera de larga duración con ritmo normal (trote).
- Carrera de larga duración con cambios de ritmos tipo fartlek.
- Carrera con cambios de ritmos y dirección
- Carreras combinadas en arena, con cambios de ritmo y dirección.
- Carrera combinada a campo traviesa, con cambios de ritmo y dirección.
- Carrera utilizando un recorrido que incluya una topografía variada.
- Nadar largas distancias en la piscina.
- Montar bicicleta largas distancias.
- Patinar largas distancia, etc.

También a medida que se acerca el periodo competitivo, por el carácter variable de los deportes de combates, se recomienda la utilización de circuitos de pista, elaborados con ejercicios que exijan un cambio de ritmo durante su realización. Presentamos a continuación, algunos ejemplos de modelos de entrenamiento en circuito para el trabajo en pista, utilizados con gran éxito en el boxeo y las AMM.

Circuito de entrenamiento combinado en la pista.

\multicolumn{3}{c}{CIRCUITO # 1}		
Nro.	Ejercicios	Dosificación
1	Carrera	6 x 3 x 60 m.
2	Trote con (E.V.E.)	400 m.
3	Planchas	6 x 10 rep.
4	Carrera	6 x 3 x 60m
5	Trote con (E.V.E)	400 m.
6	Abdomen	6 x 40 rep.
7	Carrera	6 x 2 x 60 m.
8	Trote con (E.V.E)	400 m.
9	Saltos	6 x 10 rep.
10	Trote con (E.V.E)	400 m.
11	Sombra normal	3 min
12	Suiza	5 min
Ejercicios generales		3 min.
Movilidad (flexibilidad)		7 min
Observaciones:		

Leyenda: *(E.V.E) - Ejercicios variados y especiales.
\ \ \ \ \ \ \ \ \ *(int/max) – Intensidad máxima.

Circuito de entrenamiento combinado en la pista.

CIRCUITO # 2		
Nro.	Ejercicios	Dosificación
1	Carrera	6 x 100 m.
2	Trote con (E.V.E)	400 m.
3	Carrera	6 x 200 m.
4	Aparato vestibular	30".
5	Carrera	6 x 200 m.
6	Trote con (E.V.E)	400 m.
7	Carrera	6 x 100 m.
8	Aparato vestibular	30".
9	Planchas	6 x 15 rep.
10	Abdomen	6 x 15 rep.
11	Cuclillas	6 x 15 rep.
12	Suiza	5 min
Movilidad (flexibilidad)		10 min.
Observaciones:		

Leyenda: *(E.V.E) - Ejercicios variados y especiales.
   *(int/max) – Intensidad máxima.

Circuito de entrenamiento combinado en la pista.

CIRCUITO # 3		
Nro.	Ejercicios	Dosificación
1	Carrera	2000 m.
2	Trote con (E.V.E)	400 m.
3	Saltos	30".
4	Carrera	500 m.
5	Trote con (E.V.E)	400 m.
6	Saltos	30".
7	Carrera	500 m.
8	Trote con (E.V.E)	400 m.
9	Saltos	30".
10	Carrera	2000 m.
11	Sombra	3 min
12	Suiza	5 min
Ejercicios generales		5 min.
Movilidad (flexibilidad)		5 min.
Observaciones:		

Leyenda: *(E.V.E) - Ejercicios variados y especiales.
*(int/max) – Intensidad máxima.

Circuito de entrenamiento combinado en la pista.

CIRCUITO # 4		
Nro.	Ejercicios	Dosificación
1	Carrera	5x3x40 m.
2	Trote con (E.V.E)	300 m.
3	Reacción 1-2-3	30".
4	Carrera	5x4x30 m.
5	Trote con (E.V.E)	300 m.
6	Reacción c / pelotas	30".
7	Carrera	5x5x20 m.
8	Trote con (E.V.E)	300 m.
9	Reacción 1-2-3	30".
10	Aparato vestibular	30".
11	Reacción c / pelotas	30"
12	Suiza	5 min
Ejercicios generales		3 min.
Movilidad (flexibilidad)		7 min.
Observaciones:		

Leyenda: *(E.V.E) - Ejercicios variados y especiales.
*(int/max) – Intensidad máxima.

Circuito de entrenamiento combinado en la pista.

\multicolumn{3}{c}{CIRCUITO # 5}		
Nro.	Ejercicios	Dosificación
1	Carrera	5 x 100 m.
2	Trote con (E.V.E)	300 m.
3	Aparato vestibular	30".
4	Reacción 1-2-3	30".
5	Carrera	5 x 200 m.
6	Trote con (E.V.E)	300 m.
7	Aparato vestibular	30".
8	Reacción c/ Pelotas	30".
9	Carrera	5 x 100 m.
10	Trote con (E.V.E)	300 m.
11	Aparato vestibular	30".
12	Sombra	5 min
Movilidad (flexibilidad)		7 min.
Observaciones:		

Leyenda: *(E.V.E) - Ejercicios variados y especiales.
*(int/max) – Intensidad máxima.

Circuito de entrenamiento combinado en la pista.

CIRCUITO # 6		Dosificación
Nro.	Ejercicios	Dosificación
1	Carrera	600 m.
2	Trote con (E.V.E)	1500 m.
3	Sombra	2 min.
4	Carrera	800 m.
5	Trote con (E.V.E)	300 m.
6	Sombra	2 min.
7	Carrera	1500 m.
8	Trote con (E.V.E)	300 m.
9	Sombra	2 min.
10	Aparato vestibular	30".
11	Reacción c/ pelotas	30".
12	Suiza	5 min
Movilidad (flexibilidad)		7 min.
Observaciones:		

Leyenda: *(E.V.E) - Ejercicios variados y especiales.
*(int/max) – Intensidad máxima.

Circuito de entrenamiento combinado en la pista.

CIRCUITO # 7		
Nro.	Ejercicios	Dosificación
1	Carrera	4x4x50 m.
2	Trote con (E.V.E)	200 m.
3	Sombra (int/max)	30".
4	Carrera	4x3x40 m.
5	Trote con (E.V.E)	200 m.
6	Sombra (int/max)	30".
7	Carrera	4x3x30 m.
8	Trote con (E.V.E)	200 m.
9	Sombra (int/max)	30".
10	Planchas	4x10 seg.
11	Reacción 1-2-3	4x15 seg.
12	Sombra	3 min
Movilidad (flexibilidad)		7 min.
Observaciones:		

Leyenda: *(E.V.E) - Ejercicios variados y especiales.
　　　　*(int/max) – Intensidad máxima.

Circuito de entrenamiento combinado en la pista.

\multicolumn{3}{c}{CIRCUITO # 8}		
Nro.	Ejercicios	Dosificación
1	Carrera	4 x 100 m.
2	Trote con (E.V.E)	200 m.
3	Sombra (int/max)	1 min.
4	Reacción 1-2-3	30".
5	Carrera	4 x 300 m.
6	Trote con (E.V.E)	200 m.
7	Sombra (int/max)	1 min.
8	Reacción c/ pelotas	30".
9	Carrera	4 x 100 m.
10	Trote con (E.V.E)	200 m.
11	Sombra (int/max)	1 min.
12	Suiza	5 min
Movilidad (flexibilidad)		7 min.
Observaciones:		

Leyenda: *(E.V.E) - Ejercicios variados y especiales.
    *(int/max) – Intensidad máxima.

Circuito de entrenamiento combinado en la pista.

CIRCUITO # 9		
Nro.	Ejercicios	Dosificación
1	Carrera	1000 m.
2	Trote con (E.V.E)	200 m.
3	Sombra (int/max)	2 min.
4	Carrera	1000 m.
5	Trote con (E.V.E)	200 m.
6	Sombra (int/max)	2 min.
7	Carrera	1000 m.
8	Trote con (E.V.E)	200 m.
9	Sombra (int/max)	2 min.
10	Aparato vestibular	30".
11	Reacción 1-2-3	30".
12	Sombra	3 min
Movilidad (flexibilidad)		7 min.
Observaciones:		

Leyenda: *(E.V.E) - Ejercicios variados y especiales.
*(int/max) – Intensidad máxima.

Circuito de entrenamiento combinado en la pista.

CIRCUITO # 10		
Nro.	Ejercicios	Dosificación
1	Carrera	3x4x50 m.
2	Trote con (E.V.E)	100 m.
3	Sombra (int/max)	30".
4	Carrera	3x3x40 m.
5	Trote con (E.V.E)	100 m.
6	Sombra (int/max)	30".
7	Carrera	3x2x30 m.
8	Trote con (E.V.E)	100 m.
9	Sombra (int/max)	30".
10	Planchas	3x10 seg.
11	Aparato vestibular	3x20 seg.
12	Suiza	5 min
Movilidad (flexibilidad)		7 min.
Observaciones:		

Leyenda: *(E.V.E) - Ejercicios variados y especiales.
*(int/max) – Intensidad máxima.

Circuito de entrenamiento combinado en la pista.

\multicolumn{3}{c}{CIRCUITO # 11}		
Nro.	Ejercicios	Dosificación
1	Carrera	3x100 m.
2	Trote con (E.V.E)	100 m.
3	Sombra (int/max)	1 min.
4	Reacción 1-2-3	30".
5	Carrera	3x200 m.
6	Trote con (E.V.E)	100 m.
7	Sombra (int/max)	1 min.
8	Reacción 1-2-3	30".
9	Carrera	3x300 m.
10	Trote con (E.V.E)	100 m.
11	Sombra (int/max)	1 min.
12	Suiza	5 min
Movilidad (flexibilidad)		7 min.
Observaciones:		

Leyenda: *(E.V.E) - Ejercicios variados y especiales.
*(int/max) – Intensidad máxima.

Circuito de entrenamiento combinado en la pista.

CIRCUITO # 12		
Nro.	Ejercicios	Dosificación
1	Carrera	400 m.
2	Trote con (E.V.E)	100 m.
3	Sombra (int/max)	2 min.
4	Carrera	600 m.
5	Trote con (E.V.E)	100 m.
6	Sombra (int/max)	2 min.
7	Carrera	800 m.
8	Trote con (E.V.E)	100 m.
9	Sombra (int/max)	2 min.
10	Aparato vestibular	30".
11	Reacción c / pelotas	30".
12	Suiza	5 min
Movilidad (flexibilidad)		7 min.
Observaciones:		

Leyenda: *(E.V.E) - Ejercicios variados y especiales.
*(int/max) – Intensidad máxima.

1.4 Preparación Física. La Movilidad.

1.4.1 Particularidades Generales de la Movilidad.

En la revisión de la literatura deportiva, con frecuencia se encuentran los términos elasticidad y flexibilidad, muy relacionados a la movilidad. Estos términos han sido utilizados en diferentes momentos para denominar y referirse a un mismo concepto. Hasta la década del 60 era usual encontrar en la bibliografía el uso de la palabra elasticidad, posteriormente se comienza a sustituir por flexibilidad y en la literatura actual encontramos que, aunque muchos continúan hablando de ambas, la mayoría de los autores utilizan el término movilidad por tener un concepto más ajustado a esta capacidad. Por ello, en los momentos actuales es común la utilización de la palabra movilidad cuando nos referimos a grandes amplitudes de movimiento articulares.

Según García Manso y col. (1996), el término movilidad, encierra y engloba en sí, los demás conceptos que con frecuencia se plantean en el mundo deportivo. Tanto los términos elasticidad como flexibilidad son conceptos que erróneamente se emplean en la actualidad, sólo basta para comprenderlo, interpretar las siguientes definiciones.

Elasticidad: Propiedad general de los cuerpos en virtud de la cual recobran su tamaño y forma primitiva, una vez que han dejado de actuar sobre él fuerzas externas que lo deformaban.

Flexibilidad: Capacidad que tiene un cuerpo para doblarse sin llegar a romperse, mientras que, con el término movilidad tratamos de abarcar un concepto mucho más amplio.

De este término se puede deducir que, el cuerpo humano posee la capacidad de ser flexible, pero como término no abarca la esencia del fenómeno que tratamos, por lo que se considera que la terminología movilidad comprende un concepto mucho más amplio, de ahí que asumamos el término movilidad al referirnos a la capacidad del organismo humano para realizar grandes amplitudes de movimientos.

Para que podamos tener una concepción más acertada sobre la movilidad, podemos analizar la definición de los siguientes autores:

Conceptos de diferentes autores sobre movilidad.

Álvarez del Villar (1985): "Cualidad que con base en la movilidad articular, extensibilidad y elasticidad muscular, permite el máximo recorrido en las articulaciones en posiciones diversas, permitiendo al sujeto realizar acciones que requieran de gran agilidad y destreza".

Forteza & Ranzola (1988): "Capacidad del hombre para poder ejecutar movimientos con una gran amplitud".

Hahn (1988) (Flexibilidad/Movilidad): "Por flexibilidad (movilidad) se entiende la capacidad de aprovechar las posibilidades de movimientos de las articulaciones lo más óptimo posible. Depende del tipo de articulación, la longitud y la elasticidad de los ligamentos, de la resistencia del músculo contra el cual se ha de trabajar en el estiramiento y de las partes blandas situadas alrededor de la articulación".

Harre (1988): "La movilidad es la capacidad del hombre para poder ejecutar movimientos con gran amplitud de oscilaciones. La amplitud máxima del movimiento es, por tanto, la medida de la movilidad".

Manno (1994) (Flexibilidad/Movilidad): "Capacidad de realizar gestos usando la capacidad articular más amplia posible, tanto de forma activa como pasiva".

Para García Manso y col. (1996), la movilidad, en sí misma, representa la capacidad de movimiento de una articulación e incluye los siguientes factores:
- Capacidad de estiramiento de las fibras del músculo.
- Capacidad de estiramiento de los tendones que afectan esa articulación.
- Capacidad de estiramiento de los ligamentos que rodean la articulación.
- Capacidad de movimiento que nos permiten la constitución de las paredes articulares.
- Fuerza de los músculos antagonistas que afectan al movimiento de esa articulación.
- Control del reflejo y contra reflejo miotático.

Collazo (2002): "Capacidad que posee un organismo en su estructura morfo-funcional para la realización de grandes amplitudes de movimientos articulares, que se expresa intrínsecamente en la capacidad de alongamiento de los músculos, tendones, ligamentos y cápsulas articulares".

Ruiz Aguilera (2007): "Capacidad de poseer una gran amplitud de movimientos en las articulaciones.

Teniendo presente las definiciones anteriores, entendemos por movilidad: *"La capacidad del ser humano, de poder realizar movimientos amplios o extremos con relación a la estructura normal de un segmento del cuerpo o varios planos musculares de manera pasiva o activa y volver a recobrar su estado original"*.

Movilidad vs. Stretching.

Después de haber intentado aclarar, en cierta medida, todo lo relacionado con las diferentes terminologías utilizadas en la mayoría de las bibliografías actuales, creemos oportuno especificar las relaciones y diferencias existentes entre la movilidad como capacidad y el stretching o estiramiento como un método sencillo y eficaz, por medio del cual puede ejercitarse y desarrollarse de forma fácil y efectiva la movilidad.

La movilidad es una capacidad muy importante y necesaria para lograr una preparación de excelencia en los deportistas de las diferentes modalidades deportivas. Pero se ha demostrado, que en la mayoría de las preparaciones no se le brinda a la movilidad, la atención y el tiempo que la misma requiere, por parte de los deportistas y entrenadores. Sin embargo, su desarrollo condiciona y favorece el desarrollo y perfeccionamiento de las capacidades condicionales y coordinativas.

Principales diferencias entre Movilidad y Stretching.

La principal diferencia radica fundamentalmente en la forma en que se trabaja y en la finalidad que persiguen cada una de ellas, por ejemplo:
- **La movilidad:** Busca la mayor amplitud de movimientos articulares posibles, para desarrollarla se hace necesario trabajar en el umbral del dolor para lograr los resultados deseados
- **El stretching:** Busca el acondicionamiento del organismo del deportista para el entrenamiento y la competencia, que condiciona con cierto grado el desarrollo de la movilidad. Pero su diferencia consiste en que esto sólo es un método de trabajo que se basa en el principio de la tensión-relajación-extensión y que nunca debe trabajarse en el umbral del dolor.

Estructura tipológica de la capacidad de movilidad.

La movilidad como capacidad se estructura de forma sencilla, sin embargo, existen varias clasificaciones. Por ejemplo, para Weineck (2005), existe la movilidad general y la específica, la activa y la pasiva.

La movilidad general: Se manifiesta cuando están suficientemente desarrollados los principales sistemas articulares (articulación escapular, coxo-femoral, columna vertebral, etc.).

La movilidad especifica: Hace referencia a una articulación determinada en dependencia de la especialidad deportiva, por ejemplo la movilidad coxo-femoral para el pase de la valla.

Dentro de la movilidad activa, Weineck (2005) distingue dos subgrupos, la movilidad activa dinámica y la activa estática.

La movilidad activa dinámica: Como su nombre lo indica, refleja la posibilidad de realizar grandes amplitudes de movimientos precedidos de determinadas acciones espacio-corporales.

La movilidad activa estática: Refleja la acción sin ayuda externa del sujeto para realizar grandes amplitudes de movimientos de forma estática.

La movilidad pasiva: Considerada como la mayor amplitud que puede realizar un individuo con ayuda externa.

Para Matveev (1983), existen básicamente tres tipos de movilidad:
- Movilidad absoluta.
- Movilidad de trabajo.
- Movilidad residual.

Movilidad absoluta:
Es la capacidad máxima de elongación de las estructuras, músculos tendinosos y ligamentosos, y que suele alcanzarse en los movimientos pasivos y forzados de cada una de las articulaciones.

Movilidad de trabajo:
Se refiere al grado de movimiento que se alcanza en el transcurso de la ejecución real de una acción deportiva.

La movilidad residual:
Es la capacidad de movimientos, siempre superior a la de trabajo, que el deportista debe desarrollar para evitar rigidez que pueda afectar la coordinación del movimiento o su nivel de expresividad.

Para García Manso y col. (1996), una de las propuestas más divulgadas en este sentido es precisamente aquella que define dos tipos de movilidad:
- Movilidad estática o pasiva.
- Movilidad dinámica o activa.

Movilidad estática o pasiva:
Se refiere a la movilidad de la articulación sin poner énfasis en la velocidad de ejecución.

Movilidad dinámica o activa:
Constituye la capacidad de utilizar una amplitud de movimientos de una articulación durante la ejecución de una actividad física deportiva, tanto a velocidad normal como acelerada (balística).
Con mucha frecuencia, vemos en el Deporte de Alto Rendimiento, a grandes campeones que cuando se convierten en deportistas longevos, su movilidad articular disminuye, por lo que sus movimientos técnicos no son tan técnicos o virtuosos como en épocas anteriores y como es lógico, nos alerta de un posible comienzo en el descenso de los rendimientos competitivos.

La Movilidad articular, favorece el rendimiento competitivo, pues un deportista con amplitud en sus movimientos, ejecuta las acciones técnicas con mayor precisión, más efectividad y economía. Es una realidad que en el Boxeo y las AMM, por la dinámica competitiva actual y las edades promedios de los mejores deportistas del mundo en Boxeo y AMM, se necesita acentuar la movilidad en cada unidad de entrenamiento como un elemento fundamental para el logro de altos resultados, pues durante los entrenamientos y competencias los deportistas están precisados a realizar movimientos muy amplios para defenderse o simplemente para ejecutar una acción propia del plan táctico diseñado.

En este sentido, también podemos entender *la Movilidad como: "La capacidad que tiene el organismo humano, de poder realizar movimientos de gran amplitud articular que permitan el mayor alcance posible de los diferentes músculos o grupos musculares, de forma pasiva y activa, aun entrando en el umbral del dolor".*

Como se aprecia, existen disímiles criterios acerca de la estructura tipológica de la movilidad como capacidad. Es muy común que en el deporte un mismo fenómeno sea visto de diferentes maneras, aun estando seguro que su objetivo final sea el mismo pero es parte del desarrollo histórico y deportivo. Estas contradicciones son las que generan nuevos estudios, investigaciones y análisis, en aras de buscar una solución práctica y lógica a dichos conflictos conceptuales. Lo cierto es que, mientras se descubran teóricamente nuevas formas para clasificar a la movilidad, se hace necesario que los entrenadores y demás especialistas deportivos, comprendan la necesidad del entrenamiento sistemático de esta capacidad por su gran importancia para el desarrollo integral y competitivo de los deportistas.

Factores internos que condicionan el desarrollo de la movilidad.

Esos factores internos que condicionan el desarrollo de la movilidad son las estructuras músculo-tendinosas de los receptores nerviosos: los husos musculares y los órganos de Golgi.

Es evidente que las estructuras músculo-tendinosas de los receptores nerviosos desempeñan un papel importantísimo en el desarrollo de la movilidad, nos referimos esencialmente a los husos musculares y a los órganos tendinosos de Golgi. Para hablar y comprender estos receptores nerviosos se hace necesario exponer qué significa cada uno.

Husos musculares: Órganos encargados de registrar las modificaciones mecánicas del músculo que informan acerca de la tensión de los mismos y provocan el reflejo del estiramiento.

Órganos tendinosos de Golgi: Propioceptores encapsulados en las fibras de los tendones que son sensibles al estiramiento de gran magnitud y pueden tener un papel en la inhibición de la contracción muscular en caso de lesión.

Los husos neuromusculares son estimulados por el estiramiento del músculo y provocan una respuesta refleja de contracción del mismo. Los órganos tendinosos de Golgi, son estimulados también por el estiramiento del músculo, sin embargo, su misión aquí es protectora, reaccionan cuando existe un exceso de tensión muscular en unión con el tendón produciendo una inhibición del músculo estirado. El tiempo de estimulación de los órganos tendinosos de Golgi, requiere de estiramientos que duren al menos 6 segundos de trabajo, mientras que la respuesta de los husos musculares es inmediata, lo que supone que los ejercicios violentos estimulan los husos pero no los órganos de Golgi.

Límites de elongación de la fibra muscular.
Para García Manso y col. (1996), pueden distinguirse desde el punto de vista anatómico varios factores que limitan el desarrollo de la movilidad, uno de éstos son los límites de elongación de la fibra muscular.

Las fibras musculares tienen un tamaño máximo aproximado de 3.6 micras cuando es estirado hasta el punto de ruptura, es decir, alrededor de 1.6 veces su tamaño de equilibrio. García Manso y col. (1996). ¿Por qué entonces el desarrollo de la movilidad depende, entre otros factores, del límite de elongación de las fibras musculares?

Hoy día se conoce que no todos los sarcómeros que están dentro de las fibras musculares, poseen la misma capacidad de elongación cuando se estira el músculo, e incluso los sarcómeros que se encuentran cerca de los tendones tienen menor capacidad de elongación que los que se encuentran en el centro de las fibras. Por otra parte, sostenemos el criterio que la elongación de las fibras musculares depende del tipo de fibra existente, del lugar donde se encuentran en el músculo y del nivel de participación de estas fibras en el deporte practicado.

Límites de elongación del tejido conectivo.
Existen dos tipos de tejido conectivo, los cuales afectan de forma diferente la amplitud del movimiento:

- El tejido conectivo fibroso (TCF).
- El tejido conectivo elástico (TCE).

El tejido conectivo elástico (TCE) está compuesto por fibras de colágeno. En los vertebrados superiores, éste elemento constituye más de la tercera parte de las fibras del cuerpo. Este tipo de tejido se caracteriza por una gran resistencia a la tensión y por consiguiente, muy poca extensibilidad.

Los topes anatómicos articulares.
La estructura morfológica y anatómica de cualquier articulación siempre determinará las posibilidades y límites de movimientos de la misma. Las articulaciones pueden clasificarse con relación a la capacidad de movimiento de diferentes formas, pudiéndose distinguir tres tipos:
1. Sinartrosis o articulaciones fijas.
2. Anfiartrosis o articulaciones semi-móviles.
3. Diartrosis o articulaciones móviles.

Otros factores que influyen en la movilidad son:
- **La edad**. La edad, constituye un aspecto determinante en el desarrollo de la movilidad, pues a medida que el competidor va desarrollando biológicamente y ganando en edad, se va produciendo lentamente una pérdida progresiva de esta capacidad debido a cambios químicos y estructurales como: pérdidas de agua, atrofia de los tejidos, tendones, ligamentos, se afectan las vainas del músculo y disminuye la movilidad.
- **El género**. Las mujeres son más flexibles que los hombres, su movilidad general es mucho más elevada por las diferencias

hormonales entre los dos sexos. En la mujer existe mayor cantidad de estrógenos, lo que produce una retención de agua superior, un elevado porcentaje de tejidos adiposos y una menor masa muscular que en el hombre.

- **Voluntad del deportista.** El entrenamiento de la movilidad causa grandes dolores musculares, más, cuando el atleta no posee un desarrollo adecuado de la misma. Prácticamente, hacer ejercicios para desarrollar la movilidad requiere de una profunda y sólida motivación del atleta, ya que no es una capacidad que le guste trabajar al atleta e incluso muchos entrenadores, erróneamente, no le prestan el tiempo de trabajo necesario para su desarrollo. Lo que significa que para desarrollarla se necesita de altas dosis de voluntad, tenacidad y perseverancia por parte del atleta, todo ello de forma consciente y activa.

Factores externos que condicionan el desarrollo de la movilidad.

- **Tipo de entrenamiento.**

    El contenido de los ejercicios seleccionados así como la forma en que se ejecutan son determinantes en el desarrollo adecuado de la movilidad. El entrenamiento de la movilidad debe ser diario y efectuarse de forma continua. Debe realizarse después de un adecuado acondicionamiento y nunca después de ejercicios de resistencia general o que generen la fatiga o agotamiento físico elevado. Entre las repeticiones deben intercalarse ejercicios preferiblemente de relajación.

Cuando se realizan ejercicios de estiramientos o extensibilidad, deben alcanzarse los límites varias veces e ir sobrepasándolos de forma paulatina y progresiva. Los ejercicios de movilidad activa mantienen durante mucho más tiempo la capacidad del organismo de ejecutar grandes amplitudes de movimientos que los ejercicios pasivos de extensión.

- **Aprovechamiento de los períodos sensitivos para su desarrollo.**
Múltiples investigaciones realizadas han demostrado que la edad idónea para incrementar los niveles de crecimiento de esta capacidad se enmarca entre los 11 y los 14 años de edad, lo que no significa que en otras edades no se mejora esta capacidad. En otras palabras, que entre los 11 y los 14 años se encuentra el período sensitivo óptimo para la adquisición de un mayor desarrollo de esta capacidad.

Principales efectos que produce el desarrollo de la movilidad en el organismo de los competidores entrenados

Con el entrenamiento frecuente de ejercicios dirigidos al desarrollo de la movilidad, se producen en el organismo humano una serie de modificaciones que pueden llegar a propiciar determinadas ventajas para la práctica deportiva como por ejemplo:

- **Disminuye las probabilidades de lesiones.** Es indudable que cuando se posee un desarrollo adecuado en la amplitud de las articulaciones, dado esto por la capacidad de elongación de músculos y tendones, se contribuye enormemente a la disminución de la aparición de lesiones en el organismo. El hecho de poder realizar grandes amplitudes de movimientos evita considerablemente desgarramientos tendinosos y musculares, rupturas de miofibrillas, dislocaciones articulares, etc., de ahí, la importancia que tiene el desarrollo de ésta para la práctica deportiva. Tenemos la experiencia con atletas que trabajan con mucha frecuencia durante los entrenamientos esa capacidad y que durante muchos años no han visto la presencia de lesiones ni durante los entrenamientos ni en las competencias, aunque por supuesto, el tipo de deporte es determinante en este sentido.

- **Facilita la relajación.** Fisiológicamente, la relajación muscular influye en la disminución de las tensiones musculares. Es obvio que los ejercicios de movilidad facilitan el estiramiento de músculos, tendones, ligamentos y hasta mejoran la amplitud articular en general. Estas posibilidades aseguran la relajación del músculo y con ello, se mejora la actividad metabólica en el mismo, el transporte de oxígeno, de mioglobina y las actividades enzimáticas a nivel intracelular. La relajación muscular permite una mayor disposición de trabajo en el organismo del atleta y disminuye grandemente las tensiones musculares y psíquicas.

- **Disminuye el stress y la tensión muscular.** El stress puede llegar a ser de carácter físico, mental e incluso emocional. El stress y la tensión producen agotamiento físico y psíquico, la influencia de determinados factores socioeconómicos, emocionales y físicos pueden producir procesos de estancamiento que limitan el desarrollo normal del organismo, llegando incluso a afectarse la capacidad de trabajo de éste. Es evidente y está demostrado que con determinadas ejercitaciones de movilidad, se puede llegar a disminuir considerablemente los grados de tensión y de stress que en muchas ocasiones producen las actividades diarias que el hombre realiza como ser biopsicosocial.

- **Condiciona el desarrollo de las demás capacidades físicas.** Actualmente, es conocido por todos que, el desarrollo de una buena movilidad corporal incide de forma positiva en las demás capacidades físicas. Por ejemplo: la movilidad corporal facilita en el trabajo de la resistencia, la capacidad de intercambio gaseoso a nivel intramuscular. La capacidad de relajación de un músculo mejora considerablemente las posibilidades de trabajo físico. La rapidez, como capacidad, necesita de las potencialidades del organismo para poder realizar grandes amplitudes de movimiento, y para ello se requiere de la combinación de esta última con un desarrollo adecuado de la fuerza rápida y la explosiva. La fuerza y la movilidad se consideran capacidades antagónicas para el trabajo dentro de una misma sesión de entrenamiento. Sin embargo, el desarrollo de la movilidad condiciona en los músculos mayores posibilidades para incrementar la fuerza en régimen dinámico.

- **Propicia el alivio de los dolores musculares.** En este sentido, se puede plantear que el entrenamiento de la movilidad de forma sistemática, propicia alivio en los dolores musculares que producen las actividades físicas deportivas, llegando incluso a desaparecer con la adaptación orgánica y funcional que genera la sistematicidad del entrenamiento. Estudios realizados demuestran que los estiramientos graduales y continuos reducen considerablemente los dolores musculares y que además amplían las potencialidades musculares del organismo del atleta.

1.4.2 Métodos para el Desarrollo de la Movilidad.

Dentro de los medios fundamentales para educar y desarrollar la movilidad tenemos los ejercicios de movilidad pasiva y los de movilidad activa:

a) **Ejercicios de movilidad pasiva.** Son todos aquellos ejercicios de movilidad que se realizan con cierta ayuda externa. Estos ejercicios no representan la movilidad absoluta de un individuo y son extremadamente peligrosos por lo que se recomienda un exhaustivo cuidado cuando se realicen en la práctica. Los ejercicios de movilidad pasiva son todos aquellos que se realizan con instrumentos, objetos e incluso con ayuda de un compañero. Este medio es típico de aquellos deportes que requieren de la movilidad corporal de determinados planos musculares. Por ejemplo: Karate, Taekwondo, Clavado, Gimnasia Artística y Rítmica, Patinaje, entre otros, aunque se puede trabajar en cualquier deporte.

b) **Ejercicios de movilidad activa.** Los ejercicios de movilidad activa son todos aquellos movimientos que se realizan, fundamentalmente, por la acción voluntaria de la musculatura y con el esfuerzo propio del atleta sin la ayuda de alguna fuerza externa. Este tipo de ejercicio, si representa la movilidad absoluta de un individuo, raras veces producen lesiones.

Dentro de los ejercicios de movilidad activa podemos distinguir dos formas de trabajo:
- Los ejercicios de movilidad activa estática.
- Los ejercicios de movilidad activa dinámica.

Movilidad activa estática: Constituyen aquellos movimientos donde se busca la máxima amplitud de una articulación, gracias a la contracción de los músculos protagonistas y a la extensión de los antagonistas.

Movilidad activa dinámica: Son aquellos movimientos donde, aprovechando el propio movimiento coordinado de determinado plano muscular, se busca incrementar el ángulo de oscilación, es decir, se aprovecha la velocidad de ejecución para lograr una mayor amplitud de las articulaciones.

Es evidente que para lograr un nivel de entrenamiento de esta capacidad, se hace necesario repetir el ejercicio seleccionado durante la sesión de entrenamiento (como mínimo 6 repeticiones donde se mantenga la posición, al menos de 5 segundos cada repetición). Y por otra parte, hacer sistemático y frecuente el entrenamiento de esta capacidad. El método mayormente utilizado para el desarrollo de la movilidad, lo es sin dudas, el de repeticiones. Este método, como su nombre lo indica, tiene su esencia en la ejercitación o repetición continua del ejercicio (mínimo 6 repeticiones y manteniendo la postura al menos 5 segundos). Dentro de este método podemos distinguir las siguientes clasificaciones:

1. El método de repetición estándar:

Tiene la característica fundamental de que se mantiene, en un mismo ejercicio, el tiempo de trabajo o la cantidad de repeticiones en cada ejecución. Además, tiene la peculiaridad de repetir el ejercicio continuamente las veces que se haya planificado. Cuando se concluye dicho ejercicio, se pasa a otro tipo de ejercicio, pero nunca se vuelve a repetir en esa sesión de entrenamiento.

2. Método de repetición combinada:

Tiene la particularidad, a pesar de mantener el número de repeticiones y el tiempo de trabajo en cada ejecución, de buscar de forma simultánea la variabilidad de los ejercicios seleccionados, realizándose de manera alternada y repitiéndose según lo planificado, a modo de circuito.

3. Método de repetición con relajación entre extensión:

Tiene la especificidad de realizar ejercicios de extensibilidad moderada y combinarlos posteriormente con ejercicios de relajación de aquellos planos musculares que intervienen en dicho estiramiento. Este método garantiza la relación entre extensión y relajación.

4. Método de repeticiones extensivas:

Tiene como característica fundamental que el tiempo de duración de los ejercicios para el desarrollo de la movilidad es largo, superior a los 15 segundos y las repeticiones entre 4 y 6. Además, la intensidad del ejercicio debe garantizar el trabajo en el umbral del dolor, sin llegar a presentarse. Es un método idóneo para comenzar el entrenamiento de la movilidad. Su objetivo es buscar el incremento de trabajo con una mayor amplitud de movimiento articular y adaptación de esta capacidad.

5. **Método de repetición intensivo:**

Posee, a diferencia del anterior, la particularidad de que el tiempo de duración de las ejecuciones para entrenar esta capacidad es muy corto (hasta 5 segundos), mientras el número de repeticiones por movimiento no debe exceder de 3 a 4. Su esencia radica en extender al máximo el plano muscular y articulaciones involucradas en el movimiento, donde en cada extensión se trabaja sobre el umbral del dolor. Este método es muy doloroso, en ocasiones algo peligroso, pero nos ha demostrado en la práctica que permite el incremento de dicha capacidad. Su objetivo es aumentar las potencialidades morfo-funcionales del organismo para realizar grandes amplitudes de movimientos articulares.

1.5 El Fitness. Particularidades.

Resulta evidente el extraordinario auge que ha alcanzado el fitness en los últimos años, incrementándose considerablemente el número de practicantes cada día, situación que ha generado múltiples investigaciones sobre su significación básica.

Muchos autores han realizado meritorios estudios sobre este importante tema, brindando valoraciones y conceptos muy valiosos, como por ejemplo:

- Hohmann y Cols. (2005) agrupan al fitness por componentes que para estos autores son: corporal (físico), emocional, intelectual y social; donde se observa una tendencia a desarrollar y controlar aspectos cuantitativos de resistencia, fuerza, flexibilidad, control del peso corporal y alimentación.

- En otra de sus publicaciones, Colado, Moreno y Baixauli (2002) simplemente lo describen como la consecución de mejoras fisiológicas enfocadas u orientadas a la salud.

- Colado (1998) llega a la siguiente descripción sobre el fitness: "...comprender la vida alcanzando un nivel adecuado de salud a través de un estilo de vida equilibrado, en el que el ejercicio físico moderado, personalizado y continuado será el protagonista, aunque complementándolo con otros hábitos que potenciarán los beneficios que éste aporta."

A partir de los estudios realizados y al aporte de otros autores sobre esta importante temática, consideramos que:

"El fitness, incluye la realización de ejercicios variados, que se realizan de manera planificada, con un carácter sistemático, que beneficia el desarrollo y fortalecimiento del sistema músculo-esquelético y cardiorrespiratorio y apoyado por una adecuada nutrición que favorece el bienestar del organismo y la salud".

Además, el fitness comprende la realización de actividades aeróbicas y ejercicios de fuerza, rapidez, resistencia, coordinación, movilidad y su interacción, así como la práctica de deportes complementarios, favoreciendo el fortalecimiento general del organismo.

La práctica del fitness la podemos enfocar en dos direcciones básicas, pero muy relacionadas entre sí, como por ejemplo:
- **Primera dirección:** Orientada a la salud y el bienestar general del practicante, mediante la realización sistemática de ejercicios moderados y un adecuado régimen nutricional.

- **Segunda dirección:** Encaminada a seguir la realización programada de ejercicios variados con pesas e implementos complementarios, que pueden ir aumentando su nivel de complejidad e intensidad, a medida que el practicante vaya aumentando su nivel. Generalmente se realizan en gimnasios habilitados para estos fines. En esta dirección, también se incluye la práctica de deportes complementarios, atletismo, ciclismo, natación, futbol, tenis de campo, etcétera, apoyados con una nutrición e hidratación ordenada.

Beneficios del Fitness.

La práctica sistemática del *fitness*, planificada adecuadamente y apoyada por un régimen nutricional apropiado, beneficia la actividad funcional de los diferentes órganos y sistemas del practicante, así como al sistema musculo esquelético. Los beneficios más notables son:

a) Favorece al desarrollo de las diferentes capacidades físicas, como:
- Resistencia aeróbica.
- Rapidez y resistencia a la rapidez
- Fuerza y resistencia a la fuerza.

b) Mejora la capacidad de la movilidad.
c) Permite lograr un mejor equilibrio.
d) Aumenta la rapidez de reacción.
e) Favorece la coordinación y el ritmo.
f) Ayuda a mantener el peso corporal con niveles adecuados de grasa.

Constituye una prioridad para los practicantes del *fitness*, el logro de una adecuada salud y el buen estado físico, pero esto solo se consigue, si existe una proporcionada relación entre la actividad física y la nutrición. Es una realidad que la práctica del ejercicio sistemático, apoyado por un programa nutricional acorde a las exigencias del ejercicio y el gasto energético, favorece considerablemente a la salud. Además, la práctica del *fitness* mejora la autoestima y fortalece psicológicamente al practicante.

Existe una relación apreciable entre *fitness* y actividad física dado por el objetivo final de estas disciplinas que no es más que mejorar la salud general, así como la obtención de una musculatura fuerte y de mejor definición, favoreciendo también la estética del practicante.

Actividad física:
"Consideramos la actividad física como la capacidad del ser humano de activar el sistema músculo-esquelético, en la realización de un movimiento, que implica además un gasto energético".

Beneficios de la Actividad Física.
La ejercitación frecuente de actividad física aporta favorables beneficios al practicante, por ejemplo:
  a) Mejora la actividad cardio-respiratoria y la capacidad aeróbica.
  b) Reduce el riesgo de enfermedades cardiovasculares, la hipertensión y diabetes entre otras.
  c) Fortalece el sistema músculo-esquelético.

d) Ayuda a la mantención del peso corporal y a evitar enfermedades degenerativas, asociadas con la obesidad.
e) Favorece el estado físico general del practicante.
f) Mejora el equilibrio y la coordinación.
g) Aumenta la movilidad articular.

Muchos consideran al *fitness,* como una forma de expresión del fisiculturismo, por algunas particulares de su fundamento básico que lo relacionan, como por ejemplo: actividad física, nutrición, hidratación, descanso y fortalecimiento físico general. Cuando enfrentamos el proceso práctico, podemos entender que el *fitness* en esencia tiene una orientación diferente al fisiculturismo.

Características del fisiculturismo:
- Es la actividad física encaminada a lograr la máxima hipertrofia del musculo, mediante ejercicios de fuerza intensos.
- Se caracteriza por ejercicios anaeróbicos, fundamentalmente de fuerza, que se realizan en el gimnasio.
- Debe estar apoyado por un riguroso sistema nutricional, que incluya una dieta combinada de proteínas adicionales para reparar el daño muscular, así como los carbohidratos, para brindar el soporte energético que necesita el practicante.
- Necesita un descanso, proporcionado a la actividad realizada, para ayudar el crecimiento muscular y reparar las fibras del musculo.

Para muchos practicantes, el fisiculturismo es considerado como un estilo de vida, basado en ejercicios físicos y un régimen de alimentación ajustado a las exigencias del entrenamiento realizado.

CAPÍTULO II

EL CONTROL DEL ENTRENAMIENTO.

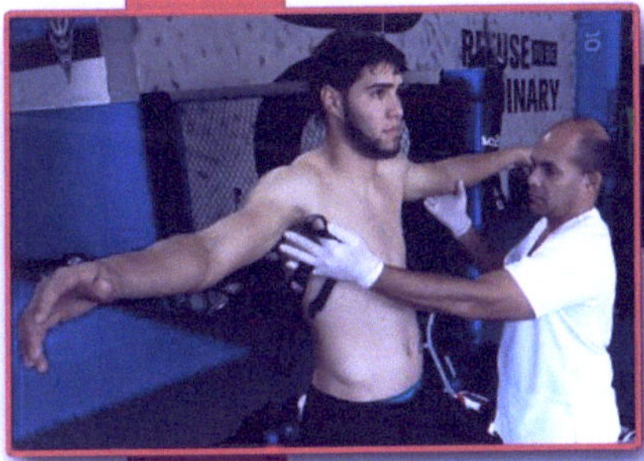

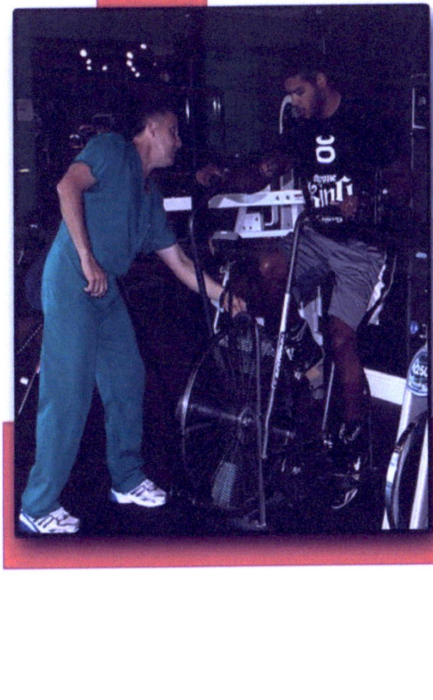

El Control del Entrenamiento

Pudiera pensarse de repente, que las pruebas o tests elaborados para valorar un parámetro son fruto de un trabajo terminado, o que estas resultan suficientes para enfrentar los nuevos cambios y la alta concurrencia deportiva actual, en aras de lograr nuestras metas pero lo cierto es que no. Las crecientes exigencias competitivas en el mundo del deporte, obligan a los científicos del deporte a realizar nuevos estudios para que los competidores enfrenten con éxito su proyección competitiva internacional. Esto requiere la búsqueda de diferentes mecanismos metodológicos que propicien una preparación multilateral.

Así pues, investigando diferentes mecanismos metodológicos y de planificación del deportista, chocamos con una gran verdad, no basta con entrenar o competir; también hay que controlar el efecto de estos procesos, "si entreno, controlo y si compito, controlo", he aquí un principio básico.

2.1 Principales Formas de Control

Un riguroso control sobre bases científicas, es garantía de una buena dirección de la preparación para el deporte. Grosser, Starischa & Zimmermann (1985), expresan que en el deporte actual resulta impensable una conducción efectiva del entrenamiento sin la aplicación de procedimientos de control, que han ocupado el lugar de las observaciones estimativas inmediatas en comparación directa: "más fuerte que el contrario, más veloz que ayer".

El control debe estar presente a lo largo de todo el ciclo de preparación del deportista; actúa como fuente de orientación para el preparador, juega en las manos de este una función retroalimentadora, organizando el conocimiento acerca de la marcha hacia el cumplimento de los objetivos.

Otros especialistas, no solo nosotros, se han dado cuenta de estas realidades y las han enriquecido. En este caso, Absaliamov & Timakova (1990), destacan que la dirección del proceso de preparación será más efectiva si el entrenador dispone de los datos de control, o sea, de la información sobre el deportista: la variación de su capacidad de trabajo, del estado del organismo durante el entrenamiento, el nivel de desarrollo de las cualidades físicas, el grado de dominio de la técnica de los movimientos, la magnitud de la carga, el cambio de los resultados deportivos, etcétera.

A partir de estas consideraciones, coincidimos en definir el control a la manera de Harre (1988), como "el registro de rendimientos de cada uno de los deportistas mediante la medición, el conteo, la observación, y evaluación en el deporte o disciplina, con el objetivo de constatar el efecto entrenador de cada una de las cargas o estado de entrenamiento del deportista".

Por otra parte, estudiando el problema de las formas, vemos que cada autor proyecta sus puntos de vista de manera diferente; pero en esencia todos estiman que la colecta de opiniones, el análisis de documentos de trabajo, las observaciones, la medición y los tests se distinguen entre los métodos de control más difundidos, como se aprecia en el siguiente cuadro.

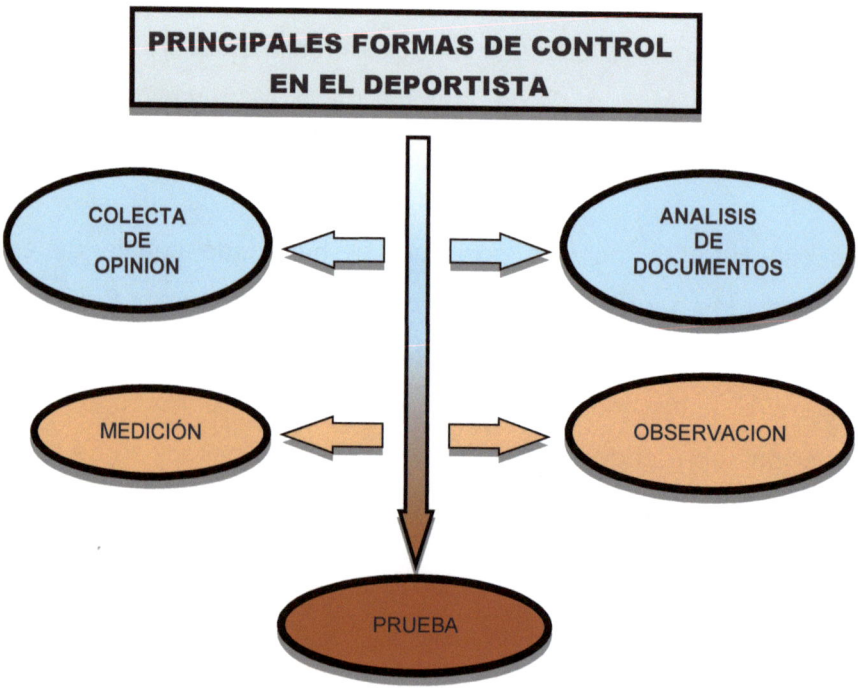

Colecta de opiniones

Conociendo que el entrenamiento deportivo es un proceso psicopedagógico de carácter bilateral, dado el papel activo del entrenador y el deportista y conociendo que el proceso de entrenar es rico en variedad de métodos y procedimientos, podemos responder la siguiente interrogante:

¿Podrían diferentes entrenadores, realizar la preparación o el entrenamiento a un grupo de deportistas de maneras similares y todos tendrían resultados satisfactorios? Indudablemente, la respuesta es "No".

La reflexión nos lleva a aceptar que: por muy experimentado que sea el entrenador, siempre se requiere de una retroalimentación acerca de la calidad del trabajo. De ahí la importancia de conocer sobre lo que hacemos y cómo lo hacemos.

Por otro lado, es de mucho valor la opinión que sobre su proceso de preparación tiene el propio competidor, pues el deportista debe sentirse un sujeto activo y no sólo un objeto del proceso que vive.

Recordamos que cierta vez, en un entrenamiento con niños, el entrenador traía entre sus planes la realización de ejercicios en la pista de atletismo (muy temida por los atletas, y más a esa edad). Les preguntó en qué forma, de las conocidas, deseaban trabajar la resistencia. Todos respondieron: "¡Jugando!". Fue uno de los días en que mejor se trabajó; los niños no advirtieron el largo tiempo transcurrido y jugaron sin parar.

Cuando comprometemos a los deportistas, y a las personas en general, los resultados son relevantes. Este fenómeno responde a la necesidad de ver al competidor como ente activo de su proceso. De ahí que la colecta de opiniones de los practicantes resulte esencial para la proyección y el logro de los objetivos en cada entrenamiento.

Al prestar atención a las opiniones de todos los implicados en el entrenamiento, estaremos respetando la sabiduría popular, que advierte:

"varias cabezas piensan más que una", "cuatro ojos ven más que dos" y "el que está fuera ve más que el que está dentro".

Análisis de documentos

Hablar de documentos es hacer referencia a un valor universal de la existencia humana. El hombre vio en el documento, entre otras cosas, la forma de proyectar, planificar, organizar, archivar, y controlar su actividad. Se desarrolló el hombre, las investigaciones y con ellos, la cantidad de documentos.

Cuando hablamos de análisis de los documentos del entrenador, nos referimos a: plan de entrenamiento, protocolo o planillas de controles pedagógicos (Sparring), informes médicos y psicológicos, controles o fichas técnicas de posibles contrarios, informes de competencias, etc. Algunas de las interrogantes que se despejan durante estos chequeos son: el cumplimiento de los principios del entrenamiento deportivo; el cumplimiento de las leyes de la bio-adaptación, la estructura del macrociclo, la concepción de los controles y competencias fundamentales, la concepción de las diferentes preparaciones, el tratamiento individual de las potencialidades del deportista y su relación con las direcciones del entrenamiento.

El proceso de formación y desarrollo de un competidor demora algunos años, dependiendo de las características individuales del deportista. Por esta razón se hace necesario realizar el análisis de documentos y tener un archivo de datos para que, a medida que pase el tiempo, el entrenador pueda tener datos y resultados que le permitan realizar estados comparativos para facilitar la retroalimentación del proceso y poder enfrentar retos superiores.

Observaciones

Se debe tener presente que la observación como forma de control no puede limitarse a la recogida de datos en una planilla ni nada por el estilo. Este tipo de control requiere el desarrollo de la capacidad de observación. Un entrenador, especialista o directivo sin capacidad de observación, jamás podrá hacer un control eficiente del proceso de preparación. Para observar, con toda la amplitud que este acto exige, se requiere, entre otras cosas, de:

En el plano cognitivo: capacidad de percepción, amplitud de pensamientos, volumen de la atención, independencia cognitiva.

En el plano afectivo: capacidad para comprometerse con el objeto de control y no con el sujeto, capacidad de implicación y responsabilidad por el resultado.

En el plano volitivo: persistencia en la tarea, valor para percibir lo correcto y lo incorrecto.

En el plano profesional: experiencia práctica, formación teórica, tacto pedagógico.

Parece fácil observar, por ejemplo, la realización de una unidad de entrenamiento; pero los que tienen estas vivencias, saben que no es así. Para garantizar el uso de la observación como forma de control, se debe elaborar una guía que ha de contener: objetivos, unidad de observación, tipo, indicadores, instrucciones a los observadores para cada indicador, e instrucciones generales. A todo esto se le anexa la planilla de registro.

Los objetivos constituyen aspiraciones, metas que debemos lograr con la observación. La unidad de observación es lo que vamos a observar, la parte que nos interesa de toda la realidad. Por su parte, el tipo de observación sintetiza una serie de criterios que sirven para establecer las diversas clasificaciones de este método. Por ejemplo:

a) **Observación directa:** Es cuando estamos presentes en el momento de su realización.
b) **Observación abierta:** Es cuando el sujeto sabe que es observado y qué se observa; cuando responde a elementos del objeto bien definidos en una planilla o protocolo.
c) **Observación estructurada:** Los indicadores para observar se pueden definir -aunque el término es bien explícito- como el qué, dentro del qué.

Las instrucciones a los observadores buscan unificar la forma en que se va a realizar la observación, es decir: todos los observadores deben observar lo mismo y velar las mismas normas; estas instrucciones se establecen tanto por indicadores como de manera general.

Medición

La metrología deportiva es la ciencia de las mediciones y tiene como principal tarea, según las opiniones de Zatsiorsky (1989), el aseguramiento de la unidad y exactitud en las mediciones. Siempre que se hable de mediciones se deben tener en cuenta los aportes de este autor a esta temática. Él nos brinda, a partir de su definición, la oportunidad de apreciar y comprender el mundo de las mediciones. Esto se aprecia con mayor claridad en el entorno de la cultura física; aunque según este autor: "en el deporte, la órbita de las mediciones es pequeña...".

Se denomina medición (en el sentido amplio de la palabra) a la correspondencia que se establece entre los fenómenos estudiados, por una parte, y su expresión numérica por la otra. Por todos son conocidas y comprendidas las variedades más simples de mediciones, por ejemplo, la medición de la longitud del salto y la del peso del cuerpo. Pero, ¿cómo medir el nivel de conocimientos, el grado de fatiga, el carácter expresivo de los movimientos o la maestría técnica? Parece ser que estos son fenómenos inmensurables. Pero, en verdad, en cada uno de estos casos es posible establecer las relaciones "mayor-igual-menor" y decir que el deportista A domina mejor la técnica que el deportista B, mientras que la técnica de B es mejor que la de C, etcétera. Resulta posible utilizar los números en lugar de las palabras. Por ejemplo, en lugar del uso de las palabras, "satisfactorio", "bueno", "excelente"; se pueden emplear los números "3", "4" y "5". En el deporte es frecuentemente necesario expresar en números, indicadores aparentemente inmensurables, como ocurre en las valoraciones que dictan los jueces al evaluar la maestría técnica y el nivel artístico de un deportista en la competencia.

En el boxeo, la medición ocupa un papel fundamental para la determinación del estado de entrenamiento. Su máxima expresión está en las mediciones antropométricas: peso, talla, etcétera. Todas estas formas -hasta los momentos actuales y en la manera en que se emplean- han resuelto los problemas generados por la necesidad de control del proceso de preparación. Sin embargo, los tiempos hoy son otros y los rendimientos cada vez más elevados; por eso la preparación debe ser más rigurosa y con ella, su control.

Si analizamos la estructura grafica de un macro-ciclo de preparación deportiva, como mostramos a continuación, podemos apreciar que a los especialistas de los diferentes deportes les surgen determinadas interrogantes, muy relacionadas con el tema de control.

ESTRUCTURA DE UN MACROCICLO PARA EL CONTROL.						
PERÍODO PREPARATORIO			PERÍODO COMPETITIVO		PERÍODO DE TRANSITO	
MPG	MPEV	MPE	OBT	EST	TRA	
AMENAZAS		RETOS		SOLUCIONES	
¿Los tests actuales brindan realmente los datos que el entrenador necesita?		¿Qué medir? ¿En qué condiciones medir?		Elaborar verdaderos mecanismos confiables de información.	

(MPG)- Mesociclo de preparación general. (MPEV)- Mesociclo de preparación especial variada. (MPE)- Mesociclo de preparación especial. (OBT)- Mesociclo de obtención de la forma deportiva. (EST)- Mesociclo de estabilización de la forma deportiva. (TRA)- Periodo de tránsito.

Estas se convierten en amenazas para el resultado, pues en muchos de los casos no estamos seguros de qué es lo que estamos midiendo, o si lo que medimos es realmente lo que necesitamos. Así, aparece un nuevo reto en este importante proceso de formación deportiva, llamado entrenamiento, las soluciones se necesitan, lo importante es llegar a ellas apoyados y respaldados por la ciencia.

Esta realidad apunta hacia una amenaza que puede ser interpretada por las siguientes interrogantes:

1. ¿Las formas establecidas de control están aportando toda la información necesaria?
2. ¿El contenido de estas formas está en correspondencia con las demandas y exigencias de la situación peculiar que vive el mundo boxístico?

Para nosotros se impone el reto de encontrar nuevas formas de control o perfeccionar el contenido de las existentes, de manera que se ajusten a la necesidad del actual contexto deportivo.

Ya tenemos idea de las formas de control menos empleadas. Abordemos con detenimiento ahora los tests o pruebas.

Cuando nos detenemos en el boxeo profesional, observamos que para debutar en este emocionante deporte, normalmente se exige comenzar con combates a 4 asaltos. Posteriormente y teniendo presente el desempeño competitivo del competidor, van aumentando las exigencias y se organiza un programa de peleas a 6 asaltos, 8 asaltos, 10 asaltos y finalmente 12 asaltos que es la cantidad de asaltos oficiales para discutir un campeonato mundial.

Una situación similar ocurre en las AMM, donde el competidor comienza debutando a un nivel de requerimiento y posteriormente, teniendo presente los rendimientos, aumentan las exigencias.

Teniendo presente los argumentos anteriores y la necesidad de realizar una fiscalización adecuada del proceso de entrenamiento, pudiéramos pensar que en los mecanismos de control actuales pudiera ocurrir lo siguiente:

1. No se abordan las realidades de la actividad específica del competidor.
2. No se descubren las potencialidades del competidor para su combate.
3. La concepción teórica de la tarea está descontextualizada de la práctica.
4. Existen parámetros determinantes del rendimiento que no se abordan.
5. La situación del test escogido no permite el pronóstico del rendimiento.
6. La situación del test discrimina a los sujetos, pero no así sus normativas.
7. La ausencia de varios tests con una misma finalidad provoca análisis pobres y conclusiones falsas.

El reto, en este caso, es elaborar tests que indaguen más sobre la actividad específica, la actitud de los competidores ante las exigencias de la actividad, sus potencialidades para enfrentarla y que sean representativas de la práctica, pero fundamentadas en la teoría.

El mayor reto lo constituye, sin lugar a dudas, hacer de los tests verdaderos instrumentos de recogida de información confiable.

Reflexionemos un poco en torno a la teoría y fundamentos de los tests, específicamente, en lo que concierne a su definición, tipos, proceso de elaboración y validación, y su génesis. Este análisis permitirá orientar nuestras iniciativas tras la aceptación del reto y decisión para solucionar los problemas.

Estamos equivocados si creemos que la temática de los tests es joven. Los tests, exámenes o pruebas, como comúnmente se conocen, tienen un origen tan antiguo que se hace difícil precisar el momento en que surgieron. Diversas anécdotas encontradas en distintas fuentes como el Antiguo Testamento, dan cuenta de la aplicación de las pruebas en esos tiempos: Cerny & Kollarik (1990) destacan que Gedeón fue encargado de realizar una selección de dos niveles de combatientes en la guerra de Israel contra Madián. También en China, miles de años antes de nuestra era, los funcionarios públicos se seleccionaban mediante exámenes y en Atenas se probaban las habilidades y capacidades de la juventud también mediante exámenes.

Tampoco existe precisión acerca de quién fue el primero en utilizar el nombre de "tests" para las pruebas rápidas y sencillas. Unos dicen que Binet, y otros que Cattell al presentar en su libro: "Los tests de inteligencia y medición", alrededor de cincuenta pruebas con estas características. Muchas de ellas han sido utilizadas con eficacia hasta la actualidad.

En la literatura y en la práctica prevalecen dos definiciones, una que plantea que: "La prueba es una tarea propuesta a los sujetos mediante una consigna y cuya solución permite diferenciarlos o clasificarlos" (Scharbert (1976).

Otra de las definiciones es la que concibe las pruebas como instrumentos de medición para determinar el estado o las capacidades del deportista. Pero al emplear esta definición en la práctica, se debe dominar ampliamente un aspecto básico, el hecho de que las pruebas constituyan un instrumento de medición, no significa que todas las mediciones sean consideradas como pruebas. ¿En qué se fundamenta este criterio? Bueno, ahí está el problema.

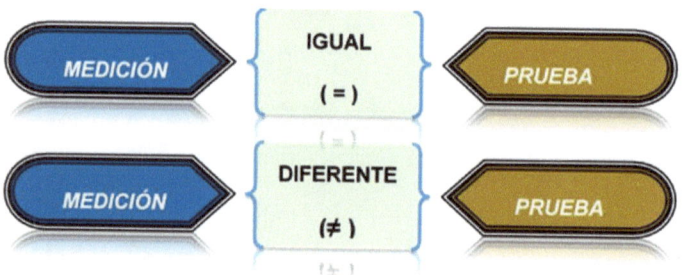

Hasta hace un tiempo compartíamos la opinión de Zatsiorsky (1989), quien estima que medición no es lo mismo que prueba porque las pruebas "son sólo aquellas que posean un objetivo definido, condiciones de estandarización, cumplan los criterios de calidad requeridos y contemplen un sistema de evaluación". Pedimos al lector que piense en este argumento y evalúe si las mediciones no deben cumplir estas mismas exigencias, es decir: ¿cuál medición se realiza sin objetivo, sin normas de estandarización, calidad y criterios de referencias para la evaluación del estado en que se encuentra lo que estamos midiendo? Nuestra respuesta hasta hoy es que ninguna. Todas requieren de esas normas. Pensemos en la medición del porcentaje de grasa de un deportista, o en la de la estatura o la temperatura del cuerpo, o en la toma del pulso, etcétera.

Se puede esclarecer más el asunto basándonos en la toma de pulso, método de medición sencillo, según creen muchos, y muy empleado por los entrenadores como criterio para valorar el efecto inmediato de entrenamiento.

Método de medición: Toma de pulso (Control de la frecuencia cardiaca).
Procedimiento: Colocar el pulsómetro en la región precordial.
Objetivo: evaluar el efecto inmediato de una carga determinada sobre el organismo del deportista.
Condiciones de estandarización: Realizar un determinado ejercicio (general o especial), previamente definido durante un tiempo determinado (15 segundos, 1 minuto, el tiempo de combate). Controlar el registro de la frecuencia cardíaca durante la realización del ejercicio.
Criterio de calidad: Está dado por el cumplimiento de las condiciones de estandarización, o lo que es lo mismo, si realmente se logran controlar las pulsaciones del corazón, el método empleado mide lo que deseamos medir, por tanto hay validez. Si ante una misma carga, un mismo sujeto en las mismas condiciones obtiene resultados semejantes, hay confiabilidad. Si ante la situación anterior diferentes evaluadores obtienen

resultados semejantes, entonces se cumple la independencia del resultado.

Sistema de evaluación: Está dado por las normas que establecen el estado del organismo a partir de su reacción ante la carga recibida. Por ejemplo, se dice que si un deportista alcanza en una carga relativamente baja pulsaciones muy altas, está en un bajo nivel de entrenamiento, y si, con cargas altas las pulsaciones son bajas, el sujeto está bien entrenado. Recordemos cómo son las pulsaciones de los deportistas cuando comienzan después de un largo receso, y cómo al transitar un tiempo de entrenamiento ante esa misma carga. Por supuesto que al evaluar este aspecto, el especialista se da cuenta de que está en presencia del fenómeno de la adaptación: ley del proceso de entrenamiento.

¿Qué opina el lector luego de este ejemplo? ¿Coincide aún con Zatsiorsky (1989)? Nosotros, teniendo en cuenta las razones expuestas, pensamos diferente y creemos conveniente puntualizar que el fundamento de las diferencias se debe encontrar en otro contexto y no en este. Analicemos, por ejemplo, qué hace el sujeto en la medición y qué se le exige en la prueba. Si nos conducimos por este camino encontraremos, a nuestro modo de ver, un fundamento más sólido. Detengámonos nuevamente en el concepto de prueba que expusimos varios párrafos atrás. La idea básica que debemos manejar es que en la prueba se requiere del cumplimiento de una tarea o situación de test, que no es precisamente el caso de la medición. Aquí sí radica la diferencia. Pudiéramos concluir que toda prueba es una medición, pero no toda medición es una prueba.

CLASIFICACIÓN DE LAS PRUEBAS

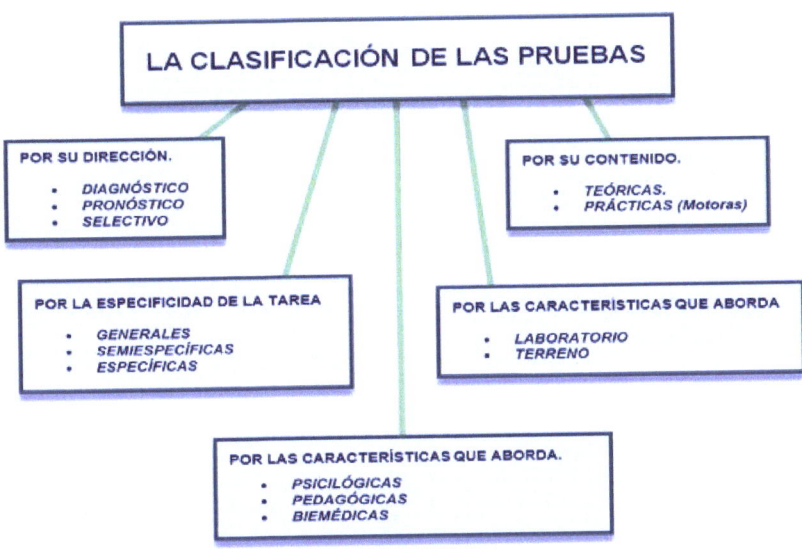

Existen tantas clasificaciones como autores que abordan el problema. Veamos los principales criterios que sustentan tal diversidad.

Por su dirección

Diagnósticas: son aquellas pruebas que permiten conocer el estado de lo que se mide; su objetivo es realizar un corte en la preparación. Se valora cómo está el deportista. Por ejemplo: el golpeo durante 20 segundos con los brazos, el golpeo durante 30 segundos con las piernas, una carrera de 60 metros, etcétera.

Pronósticas: dan la posibilidad de prever el comportamiento futuro de lo que se mide. Se valora cómo estará el deportista. Muy pocas pruebas nos sirven para estos fines ya que en el boxeo, deporte tan variable, no resulta nada fácil hacer pronósticos; pero no hay dudas de su necesidad. Aquí debemos ser cuidadosos, porque el hecho de que una prueba sea diagnóstica no significa que pueda servir para pronosticar.

Selectivas: permiten definir los deportistas que deben conformar un equipo. Para la selección se debe tener en cuenta que las pruebas que se empleen respondan a parámetros determinantes en el rendimiento. En este caso, se cumplen exigencias diagnósticas y pronosticas: se valora tanto la forma actual como futura del competidor.

Por las características que abordan

Biomédicas: son pruebas destinadas al análisis del estado de funcionamiento de los órganos y sistemas del competidor; se conocen también como pruebas funcionales. En este grupo se incluyen las fisiológicas y las médicas. Por ejemplo: consumo máximo de oxígeno, capacidad de trabajo, lactato, urea, etcétera

Pedagógicas: abarcan los parámetros relacionados con hábitos y habilidades técnico-tácticas. En ellas se valora la calidad de ejecución de la técnica, que incluye su economía, estabilidad, variabilidad y efectividad. Además, se tienen en cuenta la coordinación y fluidez de los movimientos.

Psicológicas: Se refieren a diferentes aspectos del psiquismo del competidor, contemplando las esferas cognitiva, afectiva, volitiva y social. Por ejemplo: pruebas de ansiedad, personalidad, inteligencia, o temperamento.

En los estudios realizados acerca de diferentes deportes, se detecta el pobre empleo de pruebas psicológicas. Ante esta situación se impone una pregunta: ¿por qué?, si se ha demostrado la importancia de los factores psicológicos para el éxito deportivo.

La reflexión de Meinel (1977) acerca de la importancia del punto de vista psicológico en la ejecución de los movimientos, nos lleva a repetir la anterior interrogante. En este sentido, se estima que, mientras el pedagogo deportivo capta el movimiento real en su apariencia sensorial y el fisiólogo procura explorar su "substrato material", el psicólogo fija su atención en el contenido psíquico del movimiento. Se ocupa, por ejemplo, de las particularidades psíquicas del dominio del movimiento, de las sensaciones, percepciones y representaciones de movimiento, de la memoria, la voluntad, etcétera. Sabemos por experiencia que en gran medida, los hechos psíquicos influyen sobre la ejecución de las acciones deportivas.

El punto de vista psicológico sirve, pues, al esclarecimiento de un aspecto esencial de la actividad deportiva; todavía se comete con frecuencia el error de subestimarlo en relación con los anatómico-fisiológicos y físico-mecánicos. He aquí la primera causa que responde a nuestra interrogante. Una segunda causa radica en la existencia de escasas pruebas psicológicas sencillas y al alcance de los entrenadores.

Por el contenido

Teóricas: este tipo de prueba se dirige, en lo específico, a valorar niveles de conocimientos. Son útiles para comprobar el desarrollo tanto del pensamiento como del lenguaje. Por ejemplo, se elaboran situaciones tácticas para que el sujeto les dé respuesta.

Prácticas: permiten la valoración de conocimientos, hábitos, habilidades y capacidades, mediante la ejecución de acciones motrices concretas. También se conocen bajo el nombre de pruebas motoras. Por ejemplo: golpeo con combinaciones de manos en 10 segundos o combinación de piernas en 20 segundos.

Por el grado de especificidad de la tarea

Generales: miden las características o parámetros determinantes e influyentes del rendimiento en un contexto que ni por la tarea, ni por la estructura y condiciones, es similar al deporte específico. Como medir al pez fuera del agua. Por tanto, se utilizan en diferentes deportes. Con ellas, se pretende conocer el comportamiento general del parámetro que se mide, información importantísima para trazar las metas relacionadas con las exigencias competitivas. De ahí que se puntualice que sin base no existe rendimiento deportivo óptimo y estable. Estas pruebas son propias de etapas generales.

Semi-específicas: en ellas la información que recibe el sujeto posee un carácter general, pero su respuesta es específica del deporte. Puede decirse que ocupan un lugar intermedio, resultando un acercamiento a la actividad propia del competidor. Se hacen muy necesarias durante los mesociclos especiales variados, y en plena "zona de transición" de la etapa general a la especial, donde el pez no está fuera del agua pero dentro tampoco. Por ejemplo: tirar pelotas de variados colores para que el boxeador reaccione tirando diferentes golpes.

Específicas: en este tipo de pruebas, la tarea, su estructura y su condición poseen un carácter específico. Tanto el estímulo como la respuesta son propios del deporte. Por supuesto, al referirnos a estímulo, no nos referimos únicamente a pruebas de reacciones, como el ejemplo anterior, sino a la tarea y su solución. Estas pruebas se emplean con mayor frecuencia en las etapas decisivas de la preparación, en mesociclos precompetitivos y competitivos. Ya el pez está en el agua. Por tanto, puede demostrar quién es realmente y qué capacidades ha desarrollado.

Antes de pasar a la última parte de la clasificación, conviene puntualizar la importancia, papel y lugar que deben ocupar las pruebas de carácter específico en el deporte.

Se plantea con fuerza en la literatura especializada que las pruebas generales no responden completamente a la necesidad de orientación de la preparación de los deportistas, porque el estudio de los parámetros se produce en un contexto ajeno a su actividad. En torno a las desventajas del uso de pruebas generales en el deporte y la importancia de las específicas, Harre (1988) da fe de que las pruebas generales son importantes para el entrenamiento de principiantes y de nuevos talentos, hasta tanto el deportista no se haya decidido aún por un deporte o disciplina específica, o el deporte particular siga desempeñando un papel secundario.

Esta idea, según la entendemos, no excluye el uso y necesidad de las pruebas generales pero sí nos orienta en el cuidado que se debe tener a la hora de establecer una prueba de carácter específico. Si en una prueba específica, cuya tarea consiste en la realización de una acción motriz, el sujeto desconoce esa acción o no sabe aplicarla con facilidad, el resultado que se obtiene puede ser falso, debido a que existe un aspecto que interfiere en la manifestación de lo que se desea medir. ¿Qué significa esto? Veámoslo en el siguiente ejemplo: en una prueba para medir pensamiento táctico, dado por la cantidad de respuestas correctas a las soluciones planteadas, si el boxeador tiene pobre conocimiento de las acciones, claro está que no podrá ofrecer una solución a determinada tarea. Por ello no es correcto plantear que el sujeto posea un bajo nivel de desarrollo del pensamiento táctico, o estaríamos falseando el resultado. A nadie se le debe pedir lo que no conoce ni se le ha explicado aún.

Alonso (1991) reconoce el tema de las pruebas específicas como un amplio terreno de investigación, ya que se trata de estudiar algunos parámetros durante el esfuerzo en el mismo ambiente deportivo.

Al referirse a las cuestiones fundamentales para la selección de los métodos de investigación, Doil (1976) sostiene que el mejor camino para examinar las cualidades que nos interesan, está estrechamente ligado con la praxis deportiva. Por tal motivo, en su estudio, utilizó varios métodos de exámenes prácticos elaborados a partir de los ensayos de laboratorio conocidos.

Por el medio en que se desarrollan

De laboratorio: son las pruebas que se aplican en locales habilitados con equipos, que por lo general no simulan la actividad específica sino exigencias generales para la medición de diferentes parámetros. Los laboratorios médicos, por ejemplo, o los psicológicos, donde se realizan pruebas de velocidad de reacción, anticipación, etcétera. Aquí el sujeto se aísla de múltiples factores externos, y en ocasiones está él solo frente a un aparato, cumpliendo una tarea con absoluta tranquilidad, cosa que no se parece ni remotamente al modo en que trascurre esa actividad en la realidad. Claro, no vamos a desdeñar aquellas pruebas de laboratorio que, para su uso efectivo, requieren de esta condición estandarizada.

De terreno o de campo: este tipo de prueba saca al deportista de las condiciones de laboratorio. Las tareas se cumplen en terrenos más habituales; las exigencias del medio se aproximan a las específicas de la actividad deportiva en general. Por ejemplo: un test de estimación del tiempo.

Antes de finalizar con este aspecto de la clasificación de las pruebas, vale aclarar que el hecho de que existan diferentes tipologías no significa que una prueba sea solamente pedagógica y no de laboratorio; o diagnóstica y no general o práctica. Cada una se inserta habitualmente en diferentes criterios de clasificación.

En la práctica, nos amenaza el empleo indiscriminado de tests prácticos, generales, biomédicos o pedagógicos, de laboratorio y diagnósticos, a costa de la subestimación de los teóricos, específicos, psicológicos, de terreno y pronósticos, lo que se muestra en el siguiente gráfico:

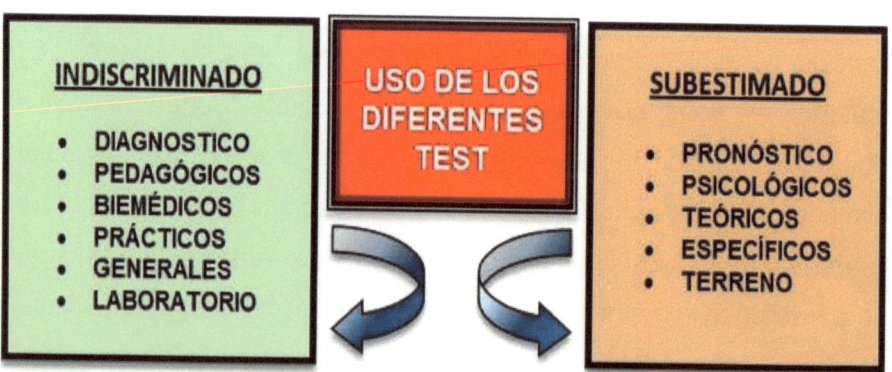

El reto consiste en aplicar pruebas cuyo uso esté bien fundamentado por la necesidad de medir parámetros más representativos del rendimiento de los deportistas. En conclusión, estamos obligados a contrarrestar el sobreuso de algunos tests en detrimento de otros, que en muchos de los casos resultan más efectivos.

Es cierto que a la hora de aceptar este reto, nos estaremos enfrentando a la situación problemática en torno a la ausencia de pruebas que respondan a las exigencias actuales. Habrá disímiles soluciones, pero seguro que prevalecerá el establecimiento de nuevos instrumentos de medición.

2.2 Proceso de Elaboración y Validación de las Pruebas.

Ya se sufrió en una ocasión la epidemia de elaborar pruebas, por lo que se cayó en el fenómeno de la testología, donde todo lo que se hacía lo determinaba la aplicación de tests. Se elaboró un gran número de estos, sin fundamento en muchos casos, descuidando que para elaborar un test se requiere de criterios científico-metodológicos bien definidos que giran en torno a su proceso de elaboración y validación. Es cierto que no siempre existió una teoría tan sólida como la que ahora existe, la cual debemos tener presente como herramienta de control.

Nuestras investigaciones han permitido enriquecer los procesos de elaboración y validación de pruebas. Como fruto de ellas, expondremos una metodología y una estructura para la elaboración de tests, así como algunas concepciones sobre la validación.

Para el establecimiento de la metodología partimos del criterio que toma en cuenta los principios para la elaboración de las pruebas. Tales principios establecen como primer paso para la elaboración de tests la conceptualización clara de lo que se desea medir. Nosotros no lo hemos considerado así, por cuanto entendemos que en el deporte es importante, antes de definir la cualidad o capacidad que se va a medir, conocer si esta resulta un aspecto de relevancia en la actividad del sujeto. De ahí que, en la metodología que aquí se expone, el primer paso no sea el establecido por los autores mencionados.

METODOLOGÍA PARA LA ELABORACIÓN DE LAS PRUEBAS

1. Análisis de la actividad desde el punto de vista de lo que deseamos medir.
2. Definición de lo que se desea medir.
3. Selección de los ejercicios.
4. Fundamentación teórica de los ejercicios.
5. Estandarización de los ejercicios.
6. Pilotaje de las pruebas.
7. Selección de las pruebas para su validación.

1. **Análisis de la actividad desde el punto de vista de lo que deseamos medir.** Apoyándose en opiniones de especialistas, revisiones bibliográficas y observaciones de la actividad competitiva, se determinan las habilidades que más demanda el deporte. En este paso se fundamenta la necesidad de abordar las particularidades que se determinen.

2. **Definición de lo que se desea medir.** De este paso dependen los demás. Si hacemos una buena definición, estaremos garantizando de antemano la calidad de la prueba. La definición es condicional: depende de la situación que se exponga en el test.

3. **Selección de los ejercicios.** Los ejercicios se seleccionan de forma tal que respondan a las exigencias de la definición que se realice en el paso anterior, en particular de las dimensiones e indicadores contenidos en esa definición. Deben garantizar la

manifestación de lo que se desea medir; que luego de su realización, el sujeto sea capaz de solucionar la tarea gracias a la demostración de lo que está en proceso de medición. Por lo general, se recomienda que se seleccionen varios ejercicios para tener la posibilidad de escoger.

4. **Fundamentación teórica de los ejercicios.** Con ella se expresan los criterios teóricos que avalan la selección de los ejercicios. Este paso garantiza la relación entre la teoría y la práctica. Los ejercicios pueden ser fundamentados desde diferentes puntos de vista: fisiológico, pedagógico, psicológico y otros.

5. **Estandarización de los ejercicios.** Aquí se definen las condiciones que tendrán carácter permanente para todos los sujetos, a fin de lograr que el ejercicio transcurra en una situación semejante. Constituyen elementos de estandarización: la metodología, la consigna, los instrumentos, la forma de obtención de los resultados, etcétera.

6. **Pilotaje de las pruebas.** Ya aquí podemos hablar más o menos de pruebas y no solo de ejercicios. Este pilotaje va a permitir que se vea en la práctica lo que hasta el momento se concibió teóricamente. En este paso todo está sujeto a cambio, lo importante es garantizar que cuando se pase al proceso de validación se tenga una experiencia de cómo fluye la prueba.

7. **Selección de las pruebas para su validación.** En este paso se definen las pruebas a partir del resultado del pilotaje. Se

consideran aspectos como la complejidad, fundamentación teórica, estandarización, sencillez, economía y utilidad. También se puede consultar a especialistas para que aporten sus criterios.

Con el afán de resolver el problema del control de la preparación, se han elaborado pruebas; pero no todas responden a una estructura correcta, por lo que proponemos una que mejora la presentación y facilita el dominio y comprensión de los datos recogidos.

ESTRUCTURA DE LA PRUEBA

1. **Nombre de la prueba:** Es el elemento que la identifica, se trata de que en él estén los aspectos esenciales que mide la prueba.
2. **Definición de lo que se desea medir:** Incluye la conceptualización de lo que se desea abordar en la prueba. Una definición clara y precisa asegura la convergencia de los ejercicios con las pretensiones.
3. **Objetivo de la prueba:** Es lo que se persigue en ella. El objetivo permite, a la hora de la validación, seleccionar correctamente el criterio.
4. **Fundamentación teórica:** Aquí se exponen todos los puntos de vista que explican la selección de un determinado ejercicio. La fundamentación se efectúa con base en los conocimientos pedagógicos, fisiológicos, psicológicos, etc., que caracterizan el ejercicio.
5. **Metodología:** Contempla los pasos para seguir durante el cumplimiento del ejercicio. Garantiza la interpretación de la

prueba, por lo que debe ser redactada en un lenguaje sencillo y claro.

6. **Tarea:** Se contempla como parte de la metodología. Se conoce también con el nombre de consigna y plantea al sujeto lo que él concretamente debe cumplir en la prueba.
7. **Orientaciones de estandarización:** Contempla la forma idéntica en que debe cumplirse la prueba para que diferentes sujetos ejecuten la tarea en las mismas condiciones.
8. **Medios e instrumentos:** Son los requerimientos materiales para la realización de la prueba y forman parte de los requisitos de estandarización.
9. **Forma de calificación:** Explica la manera en que vamos a expresar el dato. Aquí, en lugar de hablar de unidad de medida, hablamos de forma de calificación.
10. **Investigadores:** El número y las funciones de los investigadores está en correspondencia con las exigencias de la prueba.
11. **Protocolo:** Así llamamos a la planilla para la recogida de datos.
12. **Procesamiento de la información:** Consiste en el conjunto de pasos que debemos dar para la obtención de la información final. Garantiza la objetividad de la interpretación o evaluación.
13. **Normativas de evaluación:** Permiten emitir un criterio acerca del estado de lo que se está midiendo. Existen disímiles formas de establecer las normativas. Puede ser utilizada cualquiera de ellas. Lo importante es que ofrezcan verdaderos criterios de referencia para la evaluación de los sujetos.

Existen notorias diferencias entre las pruebas presentadas con esta estructura y las que a continuación ejemplificamos.

Test de 10 saltos de longitud continuos: Consiste en realizar 10 saltos de longitud continuos con las piernas juntas desde el lugar, tratando de alcanzar la mayor distancia posible y realizándolos en el menor tiempo. Se determina la potencia mecánica desarrollada, expresada en Kg/s, mediante la multiplicación del peso corporal del examinado (kilogramos) por la distancia recorrida con los 10 saltos (metros) y dividido entre el tiempo empleado (segundos). Mientras mayor sea el valor de potencia, habrá mayores posibilidades de generación de potencia anaeróbica aláctica.

Test anaeróbico láctico de proyecciones en judo: Se realizan tres series cortas de 15 proyecciones de un maniquí a la mayor velocidad posible, dando un minuto de descanso entre series. Se registra el tiempo de cada serie y luego se suman los tres tiempos.

2.3   La Prueba: Criterio Científico de su Elaboración.

Usualmente, los entrenadores aplican pruebas creadas o adaptadas por ellos mismos, que al no estar avaladas científico-metodológicamente producen informaciones erróneas que pueden conducir a fracasos o a resultados carentes de fundamento.

Con el análisis de numerosas fuentes bibliográficas correspondientes a diversas décadas, se pudo constatar que -pese a las diferencias de clasificaciones, terminologías, décadas, autores y países- las pruebas, para ser establecidas, deben responder a determinados requerimientos que son los que respaldan su autenticidad. Entre ellos, básicamente, se cuentan la validez y la confiabilidad. ¿En qué consisten?

En el momento de aplicar en la práctica estos criterios de calidad, es importante conocer -y aquí coincidimos con numerosos autores- que no poseen un carácter universal en la caracterización de la prueba que se está elaborando, o ya elaborada. Su valor cualitativo tiene vigencia únicamente para los sujetos investigados, condiciones de aplicación y procedimiento estadístico empleado. La calidad del cumplimiento de los criterios para la elaboración de las pruebas, depende en parte de la comprensión e identificación de cada uno de ellos.

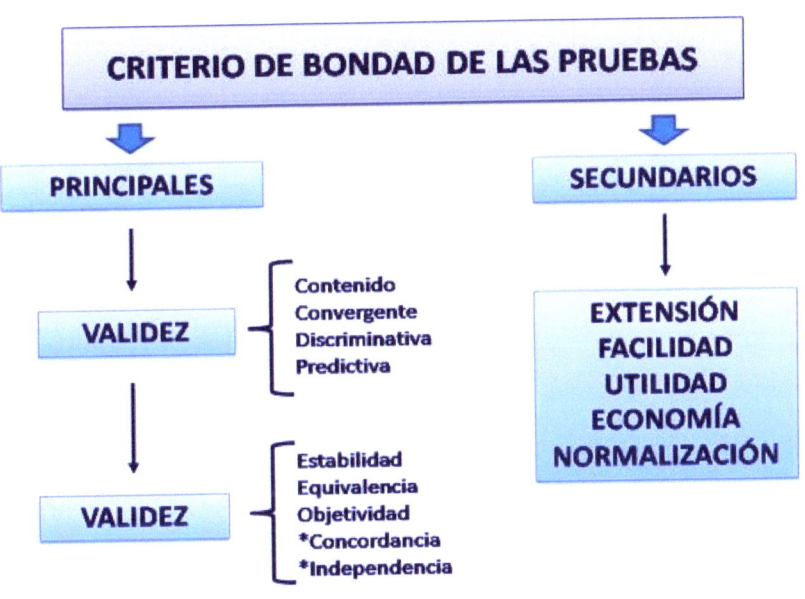

La **validez** refleja el contenido verídico de la prueba, al ponerse de manifiesto que esta mide realmente la cualidad o característica que se propone. Deben tenerse en cuenta dos aspectos básicos que determinan el aumento o disminución de la información que brinda el test: el planteamiento de la tarea y la selección del criterio de validación.

Planteamiento de la tarea: En una prueba, la forma en que se exige la realización de la misma, permite aumentar la manifestación de lo que se desea medir, a la vez que se elimina o reduce la acción de otras manifestaciones. Paralelamente, la atención que se preste a estos aspectos, aumenta la confiabilidad del test. La tarea en la prueba debe ser lo suficientemente difícil como para medir las diferencias entre los niveles superiores, y lo suficientemente fácil para permitir la distinción de los niveles inferiores. He aquí lo que muchos llaman validez discriminativa o fuerza diferenciadora del test.

Selección del criterio de validación: Este se define como el indicador que refleja de manera notoria e indiscutible la propiedad. Otra de las definiciones que se encuentra con frecuencia es que el criterio constituye una característica representativa de la cualidad que pretendemos medir. En la práctica existe diversidad de criterios de validación. De ahí que la validez tome diferentes apellidos o matices, pero en realidad hay una sola validez. Por ejemplo, está la llamada **validez interna, lógica o de contenido,** cuyo criterio se toma frecuentemente, por la opinión de expertos acerca del contenido de la prueba, y se define como criterio interno. También están los llamados criterios externos que -a partir de la utilización de uno u otro- permiten hablar de validez **convergente, predictiva, discriminativa,** etcétera. Entre estos últimos se cuentan los resultados competitivos, la pertenencia a un grupo determinado, las características cuantitativas de la actividad y los resultados de otra prueba cuyo nivel de información se encuentra demostrado.

La **confiabilidad** es otro y no menos importante criterio de calidad o autenticidad de las pruebas, puesto que advierte el grado de coincidencia de los resultados al repetir el test a las mismas personas y en las mismas condiciones. Se distinguen entre los criterios de confiabilidad: la estabilidad, la equivalencia y la objetividad.

La **estabilidad** es el indicador de la confiabilidad de las pruebas que brinda la posibilidad de reproducción de los resultados cuando estas se repiten, pasado un tiempo y bajo iguales condiciones. No solo depende de la complejidad del test, grupo investigado o tiempo que medie entre prueba y reprueba, sino también de la consistencia interna de lo que se está midiendo. Significa que no todo lo que se mide se comporta de la misma forma al transcurrir el tiempo: los conocimientos, actitudes, movimientos, nivel de solución de la tarea y otros aspectos, pueden sufrir variaciones repentinas al recibir la influencia del proceso de educación y desarrollo.

Es menester destacar que, en la teoría de las pruebas, la definición de estabilidad se identifica con la de confiabilidad. Teóricamente se tienen siempre en cuenta dos elementos básicos que determinan la exactitud del test y figuran entre las vías para elevar estos criterios de calidad: el intervalo de tiempo entre la prueba y la repetición, y las condiciones en que se aplica.

El **intervalo de tiempo** puede convertirse en una variable ajena. En la repetición de una forma de test, el intervalo ha de alargarse -para excluir efectos de memoria- o disminuirse, para anticiparse el desarrollo del parámetro que se está midiendo. Lo que le ocurrió a un investigador que estaba inmerso en el proceso de validación de una prueba para pensamiento táctico, puede servirnos de alerta y experiencia: Se preparó muy bien para realizar su estudio, pero ¿cuánto tiempo debía esperar entre prueba y reprueba? Eso no se especifica en la literatura, porque depende de todo lo planteado arriba. Entonces decidió esperar... ¡tres días! Al tercer día, por supuesto, todos los atletas solucionaron fácilmente las situaciones problemáticas planteadas. La confiabilidad de la prueba, específicamente el criterio de estabilidad, estuvo viciada. Los alumnos tuvieron la oportunidad de comunicarse los problemas y las respuestas, hasta habían practicado las soluciones entre ellos. Fue necesario cambiar todas las situaciones tácticas, reducir el tiempo entre prueba y reprueba, y repetirlo todo.

Las **condiciones de aplicación** se relacionan con la estandarización o uniformidad en la realización del test. Tanto en la prueba, como en la reprueba, el lugar, la iluminación, los instrumentos de medición, el día, la hora, el orden de ejecución, la motivación, etcétera, deben permanecer constantes a fin de eliminar las posibles ventajas o desventajas que se le puedan proporcionar a un sujeto respecto a otro, o al mismo sujeto, en el caso de la reprueba.

Otro de los indicadores de la confiabilidad, la **equivalencia**, representa el grado de homogeneidad de diferentes pruebas propuestas para medir lo mismo. El uso de un test equivalente se fundamenta en la necesidad de elevar la confiabilidad de la valoración de la cualidad que se está controlando. Si se quiere realizar un profundo y detallado estudio acerca de una cualidad determinada, deben realizarse diferentes variantes de pruebas.

La **objetividad o concordancia** es otro indicador importante de la confiabilidad. Unos autores llaman concordancia y otros, objetividad, al criterio basado en la independencia entre los resultados del test y las cualidades del investigador, juez o experto que evalúa; o sea, que un mismo individuo obtenga resultados idénticos con investigadores diferentes.

La diferencia entre uno y otro término radica en que para conocer este criterio de las pruebas, se tiene que recurrir a la coincidencia de opiniones de diferentes evaluadores sobre un mismo sujeto. Por eso coincidimos con Zatsiorsky (1989), quien plantea que resulta más apropiado hablar de concordancia, ya que "...la coincidencia de los resultados de diferentes expertos o jueces no habla de su objetividad. Ellos pueden todos juntos equivocarse, consciente o inconscientemente, deformando la realidad objetiva." Por el momento compartimos esta opinión, más adelante haremos algunas acotaciones e introduciremos otro término.

¿Cómo estudiar la concordancia? Bien fácil. El lector seguramente habrá visto alguna competencia de natación, atletismo, gimnástica o clavado. ¿Cuántos jueces chequean la marca registrada por los atletas o evalúan la ejecución? Ellos, de mutuo acuerdo, tratan de dar precisión al resultado, y por lo general pocos concuerdan. Pero entre árbitros de calidad, las opiniones tienden a ser bastante coincidentes. Entonces, en todas estas formas está presente la respuesta de la interrogante inicial.

Si tuviéramos que sacar una conclusión de todo esto, llamaríamos la atención sobre el contexto donde se hable de objetividad o de concordancia. El problema del estudio de este criterio de calidad está en cómo se registra el resultado: cuál es la forma de calificación, por una parte, y quién evalúa, por otra. Pensamos que si el contexto está definido por parámetros claramente medibles, sin que la subjetividad del investigador intervenga, se debe hablar de **objetividad**. En cambio, si el resultado depende en gran medida de su evaluación, tendremos que poner varios jueces para garantizar la confiabilidad, y entonces hablaríamos de **concordancia**. Pero si, a fin de cuentas, lo que deseamos saber es el grado de independencia entre el resultado de la prueba y el sujeto que evalúa, se puede emplear el término **independencia** y dejar *concordancia* para explicitar la vía que tomamos para llegar a la independencia.

Las pruebas se hacen más independientes en la medida en que seamos capaces de instrumentar vías menos prejuiciadas y menos comprometedoras para los investigadores. La natación, por ejemplo, solucionó este problema con la implantación del cronómetro electrónico, que registra el contacto del deportista con la pared cuando arriba a la meta. En boxeo tenemos todavía que resolver este problema, porque el establecimiento de la máquina automatiza las operaciones y las facilita, pero no resuelve el problema de la objetividad. Aún siguen quedando muchos golpes por registrar, mientras que otros se registran indebidamente.

En cuanto a la objetividad, Morales (1995) en su tesis doctoral, llega a la conclusión de que cuando se está en el proceso de validación de un conjunto de pruebas, no es necesario probar en todas este criterio de calidad porque: En unas es el propio deportista el que efectúa la medición, sin la participación del investigador; en otras, el resultado se registra a partir de las respuestas verbales o por las acciones específicas que realiza el sujeto, y es tan evidente la información que no da margen a la influencia del investigador; en unas terceras, la influencia del investigador es mínima, por cuanto el instrumento o forma de medición que se utiliza permite reflejar un resultado cuantitativo preciso, por una parte, en centímetros, y por otra, en puntos.

Además de los criterios de calidad abordados -sin duda, los principales- pueden citarse criterios secundarios como: extensión, facilidad, utilidad, economía y normalización. Una prueba debe medir adecuadamente, cubrir un amplio y representativo campo de materia estudiada, y el grado en que lo realiza se denomina **extensión**. La **facilidad**, exige que el test sea fácil de aplicar y calificar. La **utilidad** contempla la facultad de la prueba para responder a una necesidad práctica. La **economía** se refiere al uso de poco material y tiempo para su realización. En virtud de la **normalización**, se califica de normalizada la prueba en la cual se pueden aplicar informaciones como valores de referencia para la situación del resultado individual.

El análisis aquí realizado evidencia la importancia de aprender todos los principios y normas existentes para la elaboración y validación de pruebas, de modo tal que estas puedan considerarse instrumentos efectivos de medición.

2.4 El Objeto de Control.

El objeto de control, constituye uno de los grandes secretos del éxito deportivo, pero se necesita saber ¿qué se controla?, y en qué nos pueden favorecer los registros aportados para retroalimentar el proceso de entrenamiento y alcanzar el mejor rendimiento competitivo. Ante las nuevas demandas del deporte actual, necesitamos asegurar la mayor información sobre los competidores en todos los indicadores para lograr una preparación más racional y objetiva que permita enfrentar las demandas competitivas.

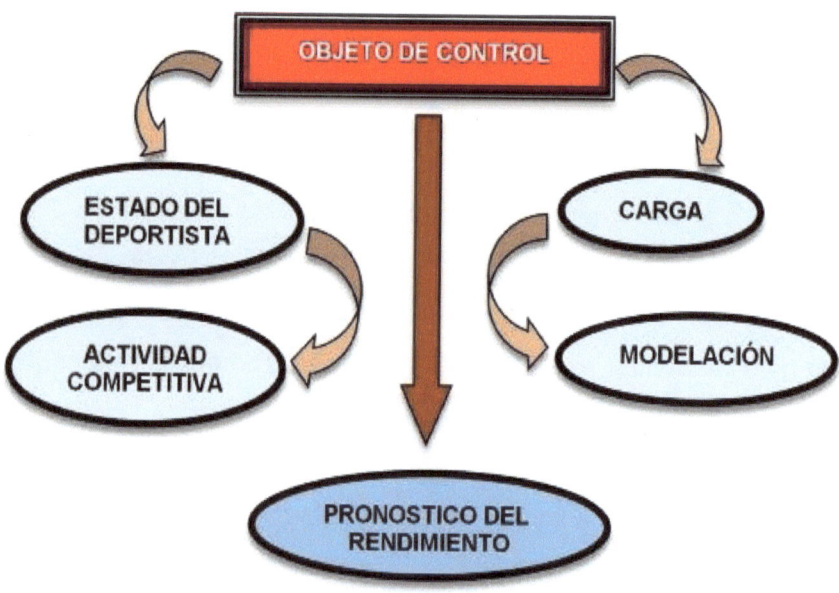

Fig. 1 Principales objetos de control en el deporte.

Para enfrentar ese reto se han definido los principales objetos de control, (fig. 1). Analicemos en qué consiste cada uno, cuál es su campo de acción, qué indicadores deben abordarse, qué se ha hecho hasta el momento y qué más puede hacerse. No se hallará una respuesta absoluta para todas las interrogantes, sino un punto de partida o criterio referencial, para saber hacia dónde nos debemos dirigir.

Estudio y tratamiento del objeto de control.

OBJETO DE CONTROL	CAMPO DE ACCIÓN DEL CONTROL	INDICADORES
ESTADO DEL DEPORTISTA	Preparación física	Desarrollo de las capacidades condicionales, coordinativas y la flexibilidad
	Preparación técnica	Volumen, variedad, economía, efectividad y dominio
	Preparación táctica	Volumen, diversidad, racionalidad, eficiencia y dominio
	Preparación psicológica	Desarrollo de los procesos cognoscitivos
CARGA	Entrenamiento	Volumen, intensidad, densidad, descanso, métodos y medios
	Competencias	Total de competencias, efecto sobre el organismo
ACTIVIDAD COMPETITIVA	Forma de conducta	Características del comportamiento (agresivo, combativo, pasivo, etcétera)
	Contenido de la conducta	Volumen, diversidad, racionalidad, eficiencia, dominio y preferencias
MODELACIÓN	Estado del deportista	Preparación física, técnica, táctica, psicológica y teórica
	Carga	Volumen, intensidad, descanso, densidad (para las estructuras tempo estructurales de la planificación), métodos y medios
	Actividad competitiva	Volumen, diversidad y racionalidad
	Rendimiento	Composición y estructura
PRONÓSTICO	Rendimiento	Preparación física, técnica, táctica, psicológica y teórica

Estado del deportista: Se define como el estado de conducta de un deportista en un momento determinado. Bajo la influencia del entrenamiento y de la competencia, el deportista experimenta una serie de transformaciones que lo llevan a alcanzar su estado óptimo, su forma deportiva. Este estado posee un carácter concreto y complejo, por cuanto se da en una persona determinada -a diferencia del que pueda presentar otro competidor- y en su estructura se insertan todos los componentes del sistema de preparación (física, técnica, táctica, psicológica y teórica). Estos se dan en una unidad dialéctica y se integran en el elemento más específico que es la técnica. Ese carácter unitario e integrador se debe tener presente durante el proceso de las preparaciones.

Para una mejor efectividad en el proceso de control del estado de la preparación de los competidores, debemos tener presente para todo el objeto de control dos aspectos fundamentales: el campo de acción y los indicadores, como se muestra en la tabla a continuación.

En cuanto al estado del deportista, ya hemos adelantado el campo de acción referido a los componentes de la preparación. El control del estado ha de garantizar que el deportista alcance un alto desarrollo de las capacidades físicas, perfeccionamiento técnico, habilidad para el empleo de la técnica en dependencia de las situaciones y las características del adversario, estabilidad psicosocial y conocimientos relacionados con la cultura, el deporte en general, así como al deporte que practica.

Carga: Entendemos por carga el sistema de influencias que debe garantizar el nivel más alto de preparación deportiva. A menudo se emplea también el término estímulo. Este objeto de control posee suma importancia para el logro de los objetivos deportivos. Solo aplicando carga, se obtienen transformaciones en el organismo del deportista que le aseguran un óptimo estado de disposición.

El campo de acción para la carga está definido por el entrenamiento y la competencia. Como reafirma Ozolin (1983), el nivel de preparación del deportista es el resultado de múltiples transformaciones que han ocurrido bajo la influencia del entrenamiento, en su organismo, su psiquis y sus posibilidades motoras, su sacrificio le proporciona el nivel de preparación necesario para la participación exitosa en las competiciones.

Estamos enfrentando entonces, el problema de cómo elaborar correctamente un sistema de entrenamiento para una determinada competencia y a medida que se logren buenos resultados, enfrentar retos superiores, para superar los rendimientos competitivos.

Esto es posible cuando se cumplen normas y principios básicos del entrenamiento deportivo, como por ejemplo: una adecuada aplicación de las cargas, una correcta relación entre trabajo – descanso, los entrenamientos responden a las posibilidades individuales de los practicantes y el entrenador posee mecanismos de control de la preparación que le permiten retroalimentar el proceso y conocer cómo se comporta la asimilación de las cargas en sus competidores.

A continuación presentamos una tabla que muestra un ejemplo de algunos parámetros de la preparación, que son controlados atendiendo a los diferentes niveles de carga.

Algunos parámetros para el control de la preparación por niveles de carga.

Niveles de carga	Pulso promedio	Repeticiones	Asaltos	Minutos	Metros
0 ÍNFIMA	70–89	1–25	1-2	0,1-22,6	5-750
0,5 SUB-MÍNIMA	90–109	26–51	3-4	22,7-45,2	751-1501
1 MÍNIMA	100–129	52–77	5-6	45,3-67,8	1502-2252
2 SUB-MEDIA	130–149	78–103	7-8	67,9-90,4	2253-3003
3 MEDIA	150-169	104–129	9-10	90,5-113	3004-3154
4 SUB-MÁXIMA	170–189	130–155	11-12	113,1-135,6	3155-3905
5 MÁXIMA	190-210	156–181	13-14	135,7-158,2	3906-4656
6 LÍMITE	+210	+181	+14	+158,2	4657-6000

Actividad competitiva: Hemos llegado a un objeto de control que integra prácticamente todos los esfuerzos que se realizan durante la preparación del deportista. Un buen estado psicofuncional del organismo - tras la aplicación correcta de las cargas de entrenamiento y competencia - debe asegurar la calidad de la actividad competitiva. Pero, ¿qué se entiende por actividad competitiva? Es el proceso de combate, dirigido al logro del resultado planificado o de la victoria sobre el contrincante". Según Zatsiorsky (1989): "Representa una competición organizada bajo determinadas reglas, con el objeto de revelar y comparar objetivamente la maestría deportiva". Según Platonov (1988): "Representa la demostración inmediata en las competencias de las posibilidades del atleta en correspondencia con las reglas y los métodos de conducción de la lucha deportiva". Este último autor, además, opina que la actividad competitiva se puede analizar en un sentido amplio o uno estrecho. El sentido amplio "es la conducta del atleta en general y de las personas que lo rodean (entrenador, árbitros, médicos, etcétera) en el transcurso de la competencia". El estrecho, incluye "todos los elementos y acciones del atleta, que componen la lucha combativa dentro del juego, encuentro, combate, etcétera".

De estas definiciones, nos interesa destacar algunos elementos indispensables para quien desee elaborar la suya. A saber, la conducta se da en el proceso de competencia; está dirigida al logro de la victoria; ocurre bajo determinadas reglas. A través de la conducta, el deportista expresa sus posibilidades, matizada por elementos y acciones propias del sujeto.

Las diferentes preparaciones (física, técnica, táctica, psicológica y teórica) siempre se manifiestan en una interrelación compleja, que garantiza el éxito tanto de los parámetros de la actividad competitiva en general, como de todas sus partes, acciones, elementos y combinaciones. El estrecho enlace y la ayuda recíproca de estas preparaciones durante las competencias, predeterminan los pasos para caracterizar la estructura de la actividad competitiva en las diferentes disciplinas deportivas y en la metódica de la valoración de su efectividad.

Sin embargo, los diferentes parámetros que caracterizan uno u otro componente de la actividad competitiva, frecuentemente se enlazan muy poco, lo que exige una aguda diferenciación a la hora de valorarlos y diferenciarlos. Solamente destacando el nivel de perfección de algunos componentes, se pueden valorar objetivamente las partes fuertes y débiles dentro de la estructura de la actividad competitiva de un atleta específico, y elaborar para él un modelo óptimo.

Como el perfeccionamiento de la actividad competitiva de los deportistas requiere tanto del conocimiento de los componentes de esta como de los factores que sobre ella influyen, en la estructura de la actividad competitiva se deben contemplar los siguientes aspectos: percepción del medio, conducta de los adversarios y compañeros, dinámica del estado propio; análisis de la información recibida en comparación con la experiencia anterior y el objetivo de la competencia, selección de las bases para las soluciones razonables y su puesta en práctica. Al valorar la influencia del medio externo sobre la actividad competitiva, se tienen en consideración: las particularidades del lugar de competencia (condiciones climáticas y geográficas); el estado de los implementos deportivos, debido a esto a veces se cambian los modelos de las acciones técnico-tácticas; las características del calentamiento precompetitivo; el descanso entre los combates; el comportamiento del arbitraje y las particularidades del público.

Existió un tiempo en que el lugar obtenido en las competencias se tenía como parámetro principal de efectividad de la actividad competitiva. En cambio, se ha demostrado que el resultado deportivo no posee las formas y contenido de conducta del deportista que en realidad permiten, como campos de acción del control de la actividad competitiva, determinar las partes fuertes y débiles de la preparación de los competidores y las direcciones metodológicas para el perfeccionamiento de la maestría deportiva. Tan importantes como el resultado nos parecen las estrategias de que se vale el deportista para alcanzarlo.

La forma de la conducta la vemos como el aspecto externo que abarca el indicador relacionado con las características del comportamiento (agresivo, combativo, pasivo, contra-atacador, etcétera). Mientras, el contenido es lo interno de la actividad competitiva: su volumen, diversidad, racionalidad, eficiencia, dominio y preferencias.

Modelación:

Cuando la gestión diaria en la preparación de pugilistas, se apoya en un enfoque científico, acumula una serie de experiencias que se van sistematizando y convirtiendo en puntos de partida y orientación para los nuevos atletas. También un deportista brillante les sirve de patrón a los demás. Estas dos consideraciones justifican la necesidad de emplear la modelación en el deporte. Con este método se establecen parámetros o características ideales que sirven para orientar y racionalizar el proceso preparatorio. Si tenemos en cuenta esta posibilidad que brindan los modelos, no hay dudas de que nos acercamos a una importante vía para enfrentar las amenazas y retos del boxeo actual.

Pese a lo mucho que ya se ha hablado acerca del "modelo del futuro deportista", "la formación del ideal" y "las características modelos de los deportistas más fuertes", faltan aún estudios que definan las características modelos en diversos sentidos.

Por **modelo** podemos entender "algo digno de imitar, y que reúne las características más relevantes que llevan al éxito, ya sea por su estructura, composición, nivel de desarrollo o interrelación". Y cuando hablamos de la modelación, deben considerarse el estado del deportista, la carga, la actividad competitiva y el rendimiento, como posibles campos de acción que -a través de sus indicadores- permiten el control. Por tal motivo, de acuerdo con las ideas de Volkov (1984), y de cara a los problemas de la modelación, el enfoque sistémico supone utilizar los siguientes componentes de la dirección:

1. El pronóstico de las características modelos del estado inicial de preparación del deportista y del estado necesario para alcanzar el resultado planificado.
2. La formulación de un programa modelo que exponga el contenido del proceso de entrenamiento, atendiendo al nivel inicial de preparación del atleta.
3. La organización del sistema de control del cumplimiento del programa planificado, y la comparación de los resultados obtenidos con las características modelos intermedias.
4. La rectificación del programa formulado.

Sobre el estado del deportista se elaboran modelos que están en correspondencia con las exigencias de su especialidad, que resumen todas las características determinantes del rendimiento. Se establecen con la ayuda de métodos estadísticos, y entre ellos se destacan los modelos ideales, elaborados con las características idóneas de los mejores deportistas; los medios, que se elaboran con las características promedio de una población determinada de atletas, que no tienen que ser necesariamente los mejores y los modelos individuales, que se corresponden con las características particulares que determinan el rendimiento de un deportista.

El modelo ideal realmente es una concepción teórica; difícilmente podremos encontrarnos con un deportista cuyo modelo individual coincida totalmente con las características del ideal. El medio resulta más alcanzable, aunque rara vez un atleta de elite coincide con las características de este. Por lo general, se observan deportistas con algunas aptitudes superiores a las del modelo medio, y otras que están por debajo.

Sin olvidar que no existen deportistas perfectos, ni que en algunas ocasiones, detectamos debilidades que "matan", el trabajo debe dirigirse, en primer lugar, al desarrollo de los puntos fuertes, vigilando suavizar las desproporciones más irritantes que dañan el rendimiento. En segundo lugar, debe ser diversificado, no para formar deportistas privados de sus individualidades, sino para asegurar la expansión de las cualidades individuales.

Pronóstico: Debe tenerse en cuenta, como un objeto no menos importante de control. El pronóstico se ha convertido en el método de previsión del comportamiento de los componentes del sistema de preparación, incluido el rendimiento, que en este caso representa el campo de acción principal y depende de dichos componentes. Un pronóstico seguro, debe no sólo prever la dinámica probable de los resultados, sino también todos los factores, más o menos sustanciales, que determinan la maestría deportiva.

No podemos hablar de control del pronóstico al margen de la temática de la forma deportiva. Cuando chequeamos la evolución de esta última mediante sus fases, estamos previendo el logro del objetivo. Así nos retroalimentamos para ajustar el pronóstico a la realidad. Por eso, cuando no se obtiene el nivel previsto, debe variarse el pronóstico. El resultado pronosticado se traza para ser alcanzado, no para estar lejos de él.

Podemos resumir acerca del control, expresando que: ...En el deporte de alto rendimiento la planificación es buena, pero el "CONTROL" es mejor. No se concibe una preparación exitosa sin verdaderos instrumentos de medición que permitan fiscalizar el proceso de entrenamiento y retroalimentar al entrenador sobre la asimilación de las cargas por el deportista, que permita un reajuste de la preparación si fuera necesario

GALERÍA DE FOTOS

GALERÍA DE FOTOS

ARTES MARCIALES MIXTAS (MMA)

Tyrone Spong (SUR-NED)

Cosmo Alexandre (BRA)

GALERÍA DE FOTOS

ARTES MARCIALES MIXTAS (MMA)

Vitor Belfort (BRA)

Rashad Evans (USA)

GALERÍA DE FOTOS

ARTES MARCIALES MIXTAS (MMA)

Cesar Ferreira (BRA)

Gilbert Durinho (BRA)

GALERÍA DE FOTOS

BOXEO OLÍMPICO

GALERÍA DE FOTOS

BOXEO PROFESIONAL

Miguel Cotto (PUR)

Guillermo Rigondeux (CUB)

GALERÍA DE FOTOS
BOXEO PROFESIONAL

Grigory Drozd (RUS)

Odlanier Solis (CUB)

Jean Pascal (CAN)

BIBLIOGRAFÍA

ABSALIAMOV, T. M., y T. M. TIMAKOVA. *Aseguramiento Científico de la preparación de los nadadores.* Moscú: Editorial FIS, 1990.

ALONSO, J. «Valoración funcional del deportista.» En *Iiniciación a la Medicina deportiva.* Barcelona: Editorial Médica Europea, S.A., 1991.

ALVAREZ DE VILLAR, C. *La preparación física del fútbol basada en el atletismo.* Madrid: Gymnos, 1985.

BACALLAO RAMOS, J. G.
«Nuevo enfoque del entrenamiento de los maratonistas cubanos durante la preparación especial. .» Tesis en opción a Master, Ciudad de la Habana, 1997.

BADTKE, G. *Sportmedizinische Grundlagen der Körpererziehung und des sportlichen Trainings.* Leipzig, 1987.

BARRIOS, J., y A. RANZOLA. *Manual para el Deporte de Iniciación y Desarrollo.* La Habana, 1998.

BECALI, A. *La fuerza en el judo de alto rendimiento.* Ciudad de la Habana: Editorial Deportes, 2011.

BÜHRLE, M., y D. SCHMIDTBLEICHER. «Die Komponenten der Maximal - und Schnellkraft (Los componentes de la fuerza máxima y la fuerza rápida).» *Sportwissenschaft*, n° 11 (1981): 11-27.

CERNY, V., y T. KOLLARIK. *Compendio de métodos de psicodiagnóstico.* Bratislava: Psycodiagnostica, 1990.

COLADO, J. C. *Fitness en las salas de musculación.* Barcelona: INDE., 1998.

COLADO, J. C., J, A MORENO, y A. M BAIXAULI. «Bases metodológicas para la mejora de la fuerza por hipertrofia en el medio acuático.» *Revista Española e Iberoamericana de Medicina de la Educación Física y el Deporte. Selección. (En prensa).*, 2002.

COLLAZO MACÍAS, ADALBERTO. *Fundamentos biometodológicos para el desarrollo de las capacidades físicas.* Ciudad de la Habana, 2002.

DOIL, W. «Prolemas y resultados de los ensayos para el examen y desarrollo de la capacidad de carga psíquica en nadadores jóvenes.» En *Aportes a la psicología deportiva*, de W. DOIL, 51-71. La Habana: ORBE, 1976.

EHLENZ, GROSSER, y ZIMMERMANN. *Entrenamiento de la fuerza, Fundamentos, métodos, ejercicios y programas de entrenamiento.* Barcelona: MR, 1990.

FORTEZA, A., y A. RANSOLA. *Bases metodológicas del entrenamiento deportivo.* Ciudad de la Habana: Editorial Científico Técnico, 1988.

FREY, M. *Capacidades Deportivas.* Moscú: Rádruga, 1977.

GARCÍA MANSO, J. M., M. NAVARRO VALDIVIESO, y J. A. RUIZ CABALLERO. *Bases teóricas del entrenamiento deportivo, principios y aplicaciones.* Madrid: Gymnos, 1996.

GMURMAN, V., y F. KOROLEV. *Fundamentos generales de la pedagogía.* La Habana: Editorial Pueblo y Educación, 1978.

GODIC, M. A. «Fundamentos metrológicos del control integral en la Educación Física y el Deporte.» En *Metodología deportiva*, 178-187. Ciudad de la Habana: Pueblo y Educación, 1989.

GROSSER, M., and S. STRATISCHKA. *Test de la condición física. (1 ed.).* Martínez Roca., 1988.

GROSSER, M., S. STARISCHA, y E. ZIMMERMANN. *Principios del entrenamiento deportivo.* Barcelona: Martínez Roca, 1985.

HAHN, Erwin. *Entrenamiento con niños. Teoría, práctica, problemas específicos.* Barcelona: MARTINEZ ROCA, 1988.

HARRE, D. *Teoría del entrenamiento deportivo.* Ciudad de la Habana: Editorial Científico-Técnica, 1988.

HOHMANN, A. Y Cols. *Introducción a la Ciencia del Entrenamiento.* Badalona.: Paidotribo., 2005.

HOLLMANN, W., y T. HETTINGER. *Sportmedizin Arbeits - und Trainingsgrundlagen.* 1990.

KLAUS, G., y M. BUHR. *Diccionario filosófico.* Leipzig: Bibliographisches Institut, 1969.

KLINGBERG, L. *Introducción a la didáctica general.* Ciudad de la Habana: Editorial Pueblo y Educación, 1972.

KUZNETSOV, V. V. *Preparación de fuerzas en los deportistas de las categorías superiores.* Ciudad de la Habana: Orbe, 1981.

LABARRERE, G., y G VALDIVIA. *Pedagogía.* Ciudad de la Habana: Editorial Pueblo y Educación, 1988.

MANNO, R. *Fundamentos del entrenamiento deportivo.* Barcelona: Paidotribo, 1991.

MANNO, Renato. *Fundamentos del entrenamiento deportivo (2da edición).* Barcelona: Paidotribo, S.A., 1994.

MATVEEV, L. *Fundamentos del entrenamiento deportivo.* Moscú: Ráduga, 1983.

MEINEL, K. *Didáctica del movimiento.* La Habana: ORBE, 1977.

MENSHIKOV, V. V., y N. I. VOLKOV. *Bioquímica*. Moscú: Fizcultura y Sport, 1990.

MORALES, A. A. «Pruebas específicas para el control del desarrollo de los procesos cognoscitivos del esgrimista floretista escolar cubano (14-16).» Ciudad de la Habana, 1995. 139.

OZOLIN, N. G. «Competencia. Camino a la Maestría.» En *Fisicultura y Sport*, 10-12. Moscú, 1970.

—. *Sistema contemporáneo de entrenamiento deportivo*. Ciudad de la Habana: Editorial Científico Técnica, 1983.

PLATONOV, V. N. *El entrenamiento deportivo*. Vol. Colección Deporte. Barcelona: Paidotribo S. A., 1988.

ROMAN, S. I. *Megafuerza. Fuerza para todos los deportes*. Editorial Lyoc, 1997.

RUIZ AGUILERA, ARIEL. *Teoría y Metodología de la Educación Física y el Deporte. 3ra Edición*. La Habana, 2007.

SCAHARBERT, K. «Principios metodológicos y prácticos de la construcción de baterías de tests para la selección de aptitud psicológica en el deporte.» En *Aportes a la Psicología Deportiva*, 125-147. La Habana: URBE, 1976.

Ukran, M. L. *Gimnasia Deportiva*. Zaragoza: Acribia, 1978.
VOLKOV, M. V. *Los procesos de recuperación en el deporte*. Buenos Aires: Stadium, 1984.

VOROBIEV, A. N. *Halterofilia: ensayo sobre fisiología y entrenamiento deportivo*. México: Libros de México, 1974.

WEINECK, J. *Entrenamiento Ttotal*. Barcelona: Paidotribo, 2005.

ZATSIORSKI, V. M. *Metrología Deportiva*. Moscú: Planeta, 1989.

ZINTL, FRITZ. *Entrenamiento de la resistencia: fundamentos, métodos y dirección del entrenamiento.* Barcelona: Martínez Roca, 1991.

www.ingramcontent.com/pod-product-compliance
Lightning Source LLC
Chambersburg PA
CBHW041351290426
44108CB00001B/14